学研の図鑑LIVE

国旗のクイズ

改訂版

国旗のクイズ **100**問！
いくつ答えられるかな？

国旗のクイズ図鑑　もくじ

● 国旗って何？
クイズ 1 ● 国旗って何？ ………………………………………………… 6

● 日本の国旗
クイズ 2 ● 日本の国旗は何を表している？ …………………………… 10
クイズ 3 ● 日本の国旗の正式な名前は？ ……………………………… 10
クイズ 4 ● 日本の国旗のたてと横の長さのひりつはいくつ？ ……… 11
クイズ 5 ● 日本の国旗の赤い円の大きさは？ ………………………… 11
クイズ 6 ●「日の丸」が正式に国旗に決まったのはいつ？ ………… 14
クイズ 7 ● 江戸時代に「日の丸」は何の船にかかげられた？ ……… 14
クイズ 8 ●「日の丸」が日本を表す旗になったのはいつ？ ………… 15
クイズ 9 ● いちばん大きな「日の丸」の旗はどこにある？ ………… 15

● 国旗の色
クイズ 10 ● 赤と白だけの国旗はいくつある？ ………………………… 18
クイズ 11 ● さいしょに三色旗を使った国はどこ？ …………………… 18
クイズ 12 ● いちばん多く色を使う国旗は何色？ ……………………… 19
クイズ 13 ● 1色だけの国旗はある？ …………………………………… 19
クイズ 14 ● アフリカの国旗に多い色の組み合わせは？ ……………… 22
クイズ 15 ● オセアニアの国の国旗によく使われている色は？ ……… 26
クイズ 16 ● イスラム教の国の国旗に多い色は？ ……………………… 30
クイズ 17 ● アゼルバイジャンの国旗に使われている色はどれ？ …… 31
クイズ 18 ● 中央アメリカの国の国旗がにている理由は？ …………… 34
クイズ 19 ● グアテマラの国旗の青は何を表している？ ……………… 35
クイズ 20 ● フランスの国旗は何とよばれている？ …………………… 38
クイズ 21 ● フランスの国旗の3色の意味は？ ………………………… 39
クイズ 22 ● イスラエルの国旗のもとになったのは何の色？ ………… 42
クイズ 23 ● エストニアの国旗の色の組み合わせは？ ………………… 42
クイズ 24 ● セーシェルの国旗に使われていない色は？ ……………… 43
クイズ 25 ● ガンビアの国旗の青は何を表している？ ………………… 43

クイズ26 ● インドネシアの国旗とモナコの国旗はどこがちがう? ････ 46
クイズ27 ● インドとスリランカの国旗に共通の色は何を表している? ･･･ 47
クイズ28 ● カタールの国旗が今の色になった理由は? ････････････ 50
クイズ29 ● カナダの国旗の赤い帯は何を表している? ･････････････ 51
クイズ30 ● カザフスタンの国旗の青は何を表している? ･･････････ 54
クイズ31 ● ウクライナの国旗の青と黄は何を表している? ････････ 55
クイズ32 ● 古い歴史のある国旗によく使われている色は? ････････ 58
クイズ33 ● コンゴ共和国の国旗はどんな三色旗? ････････････････ 59
クイズ34 ● ドイツの国旗の3色は何を表している? ･････････････ 62
クイズ35 ● スペインの国旗の意味は? ････････････････････････ 63

● 生き物がえがかれた国旗
クイズ36 ● 平和のしょうちょうとしてよく国旗にえがかれる植物は? ･･･ 66
クイズ37 ● フィジーの国旗の紋章にえがかれている植物は? ･･････ 67
クイズ38 ● メキシコの国旗にえがかれている植物は? ･･････････ 70
クイズ39 ● レバノンの国旗にえがかれている木は? ･･････････････ 71
クイズ40 ● ウガンダの国旗のまん中にえがかれている鳥は? ･････ 74
クイズ41 ● 国旗に色あざやかなインコがえがかれている国は? ････ 75
クイズ42 ● エクアドルとボリビアの国旗にえがかれている鳥は? ･･ 78
クイズ43 ● パプアニューギニアの国旗にえがかれている鳥は? ･･･ 79
クイズ44 ● ペルーの国旗にえがかれている動物は? ･････････････ 82
クイズ45 ● ベネズエラの国旗にえがかれているウマはどうかわった? ･･･ 83
クイズ46 ● ブータンの国旗にえがかれている動物は? ･･･････････ 86
クイズ47 ● アルバニアの国旗にえがかれているワシのとくちょうは? ･･ 87
クイズ48 ● スリランカの国旗にえがかれている動物は? ･･････････ 90
クイズ49 ● 人間がえがかれている国旗はある? ･････････････････ 91
クイズ50 ● エジプトの国旗にえがかれている動物は? ･･･････････ 91

● 星・月・太陽がえがかれた国旗
クイズ51 ● 太陽を表す色として国旗に使われていないのは? ･････ 94
クイズ52 ● アルゼンチンとウルグアイの国旗にえがかれている太陽のとくちょうは? ･･ 98

3

クイズ53	マラウイの国旗が表しているものは？	99
クイズ54	国旗の月と星は何を表している？	102
クイズ55	ラオスの国旗の青は何を表している？	106
クイズ56	パラオの国旗にえがかれた満月が、少し横にずれているのはなぜ？	107
クイズ57	オーストラリアなどの国旗にえがかれている星座は？	110
クイズ58	ブラジルの国旗にえがかれた星は何を表している？	111
クイズ59	マレーシアの国旗の星のとんがり部分はいくつ？	114
クイズ60	ブルンジの国旗の星のとんがり部分はいくつ？	114
クイズ61	ナウルの国旗にえがかれた星が表しているのは？	115
クイズ62	アメリカの国旗にえがかれている星の数はいくつ？	118

●いろいろなもようの国旗

クイズ63	キルギスの国旗にえがかれているものは？	122
クイズ64	トルクメニスタンの国旗のもとになったもようは？	123
クイズ65	赤十字のもとになったのはどこの国旗？	126
クイズ66	赤新月社のマークのもとになったのはどこの国旗？	127
クイズ67	イギリスの国旗は何とよばれている？	130
クイズ68	国旗にイギリスの国旗がえがかれている国はいくつある？	131
クイズ69	バヌアツの国旗にえがかれているものは？	134
クイズ70	バルバドスの国旗にえがかれているものは？	134
クイズ71	ベトナムの国旗は何とよばれている？	135
クイズ72	韓国の国旗は何とよばれている？	135
クイズ73	ジョージアの国旗に赤い十字はいくつある？	138
クイズ74	スウェーデンの国旗は何を表している？	138
クイズ75	青い十字がえがかれた国旗はいくつある？	139
クイズ76	カンボジアの国旗には何がえがかれている？	142
クイズ77	セントビンセント及びグレナディーン諸島の国旗のもようは？	146
クイズ78	キプロスとコソボの国旗のとくちょうは？	147
クイズ79	レソトの国旗には何がえがかれている？	150
クイズ80	ケニアの国旗には何がえがかれている？	151

もくじ

- **クイズ81** ● クウェートの国旗の黒い部分はどんな形? ... 154
- **クイズ82** ● ジャマイカの国旗のとくちょうは? ... 155
- **クイズ83** ● リヒテンシュタインの国旗にかんむりがついているのはなぜ? ... 158
- **クイズ84** ● スロバキアの国旗にえがかれている十字架のとくちょうは? ... 159
- **クイズ85** ● モンゴルの国旗にえがかれているのは? ... 162
- **クイズ86** ● ハイチの国旗には何と書いてある? ... 163

●国旗のひみつ

- **クイズ87** ● サウジアラビアの国旗には何が書かれている? ... 166
- **クイズ88** ● フィリピンの国旗は戦争になったらどうかかげる? ... 170
- **クイズ89** ● アメリカの国旗「星条旗」をたて向きにかかげるときはどうする? ... 171
- **クイズ90** ● 王様や大統領がなくなったとき国旗をどうあげる? ... 174
- **クイズ91** ● 「半旗にする」とはどうすること? ... 175
- **クイズ92** ● 1964年東京オリンピックの開会式と閉会式で国旗がちがった国は? ... 178
- **クイズ93** ● 1964年東京オリンピックの後にかわった国旗はいくつ? ... 179
- **クイズ94** ● ヨーロッパの小さな国の国旗に共通するとくちょうは? ... 182
- **クイズ95** ● パラグアイの国旗のとくちょうで正しいのはどれ? ... 186
- **クイズ96** ● ネパールの国旗のとくちょうで正しいのはどれ? ... 187
- **クイズ97** ● ボスニア・ヘルツェゴビナの国旗がはじめて登場したのは? ... 190
- **クイズ98** ● ルーマニアの国旗のもとになったのはどの国旗? ... 191
- **クイズ99** ● ナイジェリアの国旗はどうやってできた? ... 194
- **クイズ100** ● オリンピックでさいしょに入場する国は? ... 195

<本書について>
本書の内容は2019年3月現在のものです。/ 本文中および地図中の国名は原則として通称を用いています(一部例外あり)。/ 国旗の縦横の比率は、原則として国際連合やオリンピックで使用している2:3にしました(ネパール連邦民主共和国、バチカンの国旗、および一部の例外を除く)。/ 一部の首都は、憲法上の首都ではなく、事実上の首都(都市名)になっています。イスラエルはエルサレムを首都としていますが、国際法的には認められていません。/ 地図中の白い部分は、国際法的にどこの国の領土か決まっていない地域です。/ 革命や政治体制の変更などにより、国名や国旗などは変更される場合があります。/ 人口データは、国際連合人口部「World Population Prospects; The 2017 Revision」の2018年推計値に基づいています。

国旗のクイズ図鑑

クイズ1 国旗って何？

国旗って何？

　世界にはいろいろな国旗があります。国旗とは何でしょうか。

❶王様や大統領の権力を表すしるし
❷国全体を表すしるし
❸美しいかざりもの

▲たくさんの国の人が集まるとき、さまざまな国旗がならぶことがあります。

国旗のクイズ図鑑

クイズ1 答え ❷国全体を表すしるし

　大昔から、旗は同じなかまであることのしるしや、なかまが集まるときの目印として使われてきました。やがて国という集まりができると、国を表すしるしとして国旗ができたのです。レストランに国旗があると、どこの国の料理が食べられるのか、すぐにわかりますね。また、オリンピックなど、いろいろな国の人が集まるときは、みんなそれぞれの国旗のもとに集まっています。このように、国旗は国そのものを表すしるしであり、国民が集まるしるしとなるものなのです。

Iurii Osadchi / Shutterstock.com

▲2014年のソチ冬季オリンピックの閉会式。世界中の国旗がならびます。

国旗って何？

▲レストランの入り口。イタリアの国旗から、イタリア料理のレストランであることがわかります。

それぞれの国旗の色やもようには、どんな意味があるのかな？

よーし、今からそれをたしかめに行こう！

国旗のクイズ図鑑

クイズ2 日本の国旗は何を表している？

日本の国旗は白地に赤い円です。これは何を表しているでしょう。

①島国　②火山　③太陽

クイズ3 日本の国旗の正式な名前は？

国旗についての決まりごとが書いてある法律で、日本の国旗は何とよばれているでしょう。

①錦の御旗
②日の丸
③日章旗

国旗の正式な名前？何だろう…

日本の国旗

クイズ4 日本の国旗のたてと横の長さのひりつはいくつ？

❶ 1：1   ❷ 2：3   ❸ 1：2

 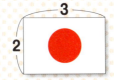 

クイズ5 日本の国旗の赤い円の大きさは？

日本の国旗にある赤い円の大きさは、法律で決められています。どんな大きさでしょう。

❶ 国旗のたての長さの2分の1
❷ 国旗のたての長さの3分の2
❸ 国旗のたての長さの5分の3

国旗のクイズ図鑑

クイズ2 答え ❸太陽

日本の国旗は、太陽をえがいた国旗の中でもいちばん古くからあるものです。

▲風にたなびく日本の国旗。

太陽を赤で表しているんだね

日本の国旗

国名 **日本** 首都 **東京** 人口 **約1億2644万人**

※「首都」とは、国の中心となる都市のことです。

日本の国旗

③日章旗

国旗について定めた「国旗国歌法」第1条で「国旗は、日章旗とする」と決められています。「日の丸」は日章旗の親しみやすいよび方です。「錦の御旗」は、天皇の軍であることを表すために使われた旗で、表には赤地に金の太陽、うらには銀の月がえがかれていました。

②2：3

日の丸のひりつは、1999年に2：3と決められました。世界の国旗でいちばん多いひりつです。ちなみに、イギリスやカナダの国旗の正式なひりつは1：2、スイスやバチカンの国旗は1：1です。

③国旗のたての長さの5分の3

日の丸の円の大きさは、「たての長さの5分の3」と決まっています。まだこの決まりがなかった1998年の長野冬季オリンピックでは、"雪や氷の中では円を少し大きくしたほうがりっぱに見える"という理由で、円の大きさがたての長さの3分の2の日の丸が使われました。

▲長野冬季オリンピックで使われた日章旗。赤い円がふつうより少し大きくなっています。

国旗のクイズ図鑑

クイズ6 「日の丸」が正式に国旗に決まったのはいつ？

❶1947年　❷1964年　❸1999年

クイズ7 江戸時代に「日の丸」は何の船にかかげられた？

江戸時代には、ある船にだけ日の丸をかかげることがゆるされていました。どんな船でしょう。

❶皇室（天皇家）の米をはこぶ船
❷徳川幕府の米をはこぶ船
❸大きな船

日本の国旗

クイズ8 「日の丸」が日本を表す旗になったのはいつ？

① 天皇というよび名ができたとき

② 明治政府ができたとき

③ アメリカのペリーていとくがきて、日本が開国したあと

クイズ9 いちばん大きな「日の丸」の旗はどこにある？

① 明治神宮（東京都）

② 伊勢神宮（三重県）

③ 出雲大社（島根県）

どれくらい大きいのかな？

国旗のクイズ図鑑

クイズ6 答え ❸ 1999年

日本の国旗を「日章旗」（日の丸）、国歌を「君が代」と決めた「国旗国歌法」という法律ができたのは、1999年のことです。

正式に決まったのは、わりと最近のことなのね

クイズ7 答え ❷ 徳川幕府の米をはこぶ船

日の丸は、江戸時代には幕府の米をはこぶ船であることをしめすために使われました。今の日の丸とちがい、たて長の旗に赤い円を3つや5つもえがいたものでした。

▼日の丸をかかげた船の絵。ひとつの旗に、赤い円がいくつもえがかれています。

「観古東錦　将軍家船遊之図」　提供＝東京都立図書館

日本の国旗

クイズ8 答え ③ アメリカのペリーていとくがきて、日本が開国したあと

　1854年、アメリカのペリーが日米和親条約を結ぶために日本にやってきました。そのとき、日本と外国の船を区別できるように、日本の船ということをしめす旗を決めることになりました。徳川幕府はさいしょ、徳川家の先祖の旗を使おうとしましたが、薩摩藩の島津斉彬や水戸藩の徳川斉昭の意見により「日の丸」となり、この年の7月9日に発表されました。

提供＝尚古集成館

▶昇平丸のもけい。1855年に、はじめて日の丸がかかげられた船です。

クイズ9 答え ③ 出雲大社

　出雲大社の神楽殿の前には、47mもの高さのポールがあります。出雲大社の本殿の高さは、大昔には48mあったと伝えられていますが、それとほぼ同じ高さです。ここにかかげる国旗の大きさは、たたみ75まい分、重さは49kgにもなります。

▼大ぜいで旗を広げてかかげました。

提供＝出雲大社

国旗のクイズ図鑑

クイズ10 赤と白だけの国旗はいくつある？

❶ 5か国
❷ 10か国
❸ 15か国

日本の国旗も赤と白だけだね

クイズ11 さいしょに三色旗を使った国はどこ？

▲フランスの国旗。

▲オランダの国旗。

❶ フランス
❷ オランダ
❸ イタリア

▶イタリアの国旗。

国旗の色

クイズ 12 いちばん多く色を使う国旗は何色？
（紋章など、こまかい部分の色の数はのぞきます）

❶ 5色
❷ 6色
❸ 8色

クイズ 13 1色だけの国旗はある？

❶ ある
❷ ない
❸ 昔はあった

もようがなくて、ただ1色だけの国旗ってあるのかな？

クイズ10 答え ❸15か国

赤と白だけの国旗は、日本のほかにシンガポール、トンガなどがあります。ぜんぶさがしてみましょう。

国名 **シンガポール共和国**
首都 シンガポール　人口 約579万人

国名 **トンガ王国**　首都 ヌクアロファ
人口 約10万9千人

クイズ11 答え ❷オランダ

スペインの領土だったオランダは、オラニエ（オレンジ）家の指導で独立運動をしました。そのときにオラニエ家の紋章をもとにつくられたのが、オレンジ・白・青の三色旗です。その後、オレンジは、海で見づらく色がわりしやすいという理由で、赤にかえられました。

国名 **オランダ王国**　首都 アムステルダム
人口 約1708万人

▲国旗からはなくなりましたが、オレンジは今もオランダの代表的な色です。サッカーのオランダ代表のユニフォームもオレンジです

国旗の色

クイズ12 答え ❷ 6色

　もっとも多くの色を使っているのは、6色の南アフリカと南スーダンの国旗です。南アフリカの国旗は「虹の旗」とよばれています。日本では虹は7色とされますが、6色とする国もたくさんあるのです。紋章の部分をふくめれば、エクアドル、ボリビア、ベネズエラなどの南アメリカの国旗がたくさんの色を使っています。

国名 **南アフリカ共和国**
首都 プレトリア　人口 約5740万人

国名 **南スーダン共和国**
首都 ジュバ　人口 約1292万人

クイズ13 答え ❸ 昔はあった

　リビアでは緑1色の国旗が使われていました。緑は、リビア国民に多いイスラム教徒にとって、預言者ムハンマドに由来する神聖な色です。2011年に政権がかわったとき、以前の国旗が復活しました。

▲2011年までのリビアの国旗。

国名 **リビア**
首都 トリポリ
人口 約647万人

◀リビアの国旗。

国旗のクイズ図鑑

クイズ 14 アフリカの国旗に多い色の組み合わせは？

アフリカ大陸のサハラさばくより南の国の国旗に、よく使われる色の組み合わせはどれでしょう。

① 緑・黄・赤の3色
② 青・白・赤の3色
③ 黒・白・赤の3色

Anton_Ivanov / Shutterstock.com

▲エチオピアの子どもたち。

国旗の色

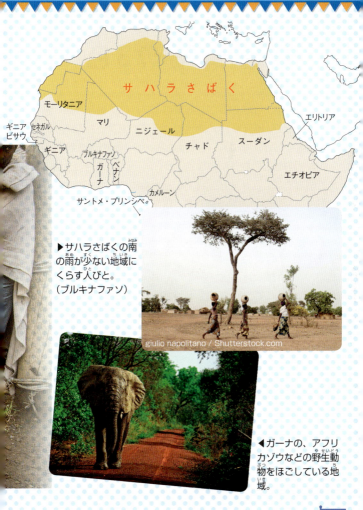

サハラさばく

モーリタニア
ギニアビサウ
セネガル
マリ
ニジェール
エリトリア
ギニア
ブルキナファソ
ガーナ
ベナン
チャド
スーダン
カメルーン
エチオピア
サントメ・プリンシペ

▶サハラさばくの南の雨が少ない地域にくらす人びと。（ブルキナファソ）

giulio napolitano / Shutterstock.com

◀ガーナの、アフリカゾウなどの野生動物をほごしている地域。

23

国旗のクイズ図鑑

クイズ14 答え

❶ 緑・黄・赤の3色

マリ、セネガル、コンゴ共和国など7か国の国旗が緑・黄・赤の3色でできています。その3色にさらに、アフリカの統一や自由を表す黒をくわえたものが、ガーナなどの3か国の国旗です。

これらのもとになったのは、上から緑・黄・赤の横じまのエチオピアの国旗です。エチオピアはアフリカ東部にあり、アフリカでもっとも古い独立国とされる国です。第2次世界大戦後さいしょに植民地から独立したガーナがこの3色を取り入れ、そのあとに独立した国の国旗にえいきょうをあたえました。この3色には、いつかアフリカのすべての国がひとつになるという思いがこめられています。なお、エチオピアの国旗には、1996年に「ソロモンの星」がつけくわえられています。

国旗にはそこにすむ人の思いがこめられているんだね！

エチオピアの国旗

※中央が「ソロモンの星」。

- 国名 **エチオピア連邦民主共和国**
- 首都 アディスアベバ
- 人口 約1億75万人

国旗の色

緑・黄・赤の3色の国旗

カメルーン

- 国名 **カメルーン共和国**
- 首都 ヤウンデ
- 人口 約2468万人

ギニア

- 国名 **ギニア共和国**
- 首都 コナクリ
- 人口 約1305万人

ブルキナファソ

- 国名 **ブルキナファソ**
- 首都 ワガドゥグー
- 人口 約1975万人

セネガル

- 国名 **セネガル共和国**
- 首都 ダカール
- 人口 約1629万人

ベナン

- 国名 **ベナン共和国**
- 首都 ポルトノボ
- 人口 約1149万人

マリ

- 国名 **マリ共和国**
- 首都 バマコ
- 人口 約1911万人

緑・黄・赤に黒がくわわる国旗

ガーナ

- 国名 **ガーナ共和国**
- 首都 アクラ
- 人口 約2946万人

サントメ・プリンシペ

- 国名 **サントメ・プリンシペ民主共和国**
- 首都 サントメ
- 人口 約21万人

ギニアビサウ

- 国名 **ギニアビサウ共和国**
- 首都 ビサウ
- 人口 約191万人

国旗のクイズ図鑑

クイズ 15 オセアニアの国の国旗によく使われている色は？

太平洋のオセアニア地域にはオーストラリアなど16の国があります。それらの国の国旗で、白の次によく使われている色はどれでしょう？

1. 赤
2. 青
3. 黄

▲オセアニア地域には小さな島がたくさんあります。

国旗の色

マーシャル諸島
パラオ
ミクロネシア
赤道
ナウル　キリバス
パプアニューギニア　ソロモン諸島
ツバル
バヌアツ　サモア　クック諸島
フィジー
トンガ　ニウエ
オーストラリア
オセアニア
ニュージーランド

国旗のクイズ図鑑

クイズ15 答え ❷青

太平洋にうかぶ島国が多いオセアニア地域の国旗には、海や空の色を使ったものが多くあります。空色も青も使わない国旗は、16か国のうちトンガ、バヌアツ、パプアニューギニアの3か国だけです。

◀オセアニア地域にすむオオハナインコ。ほかにもめずらしい鳥たちがいます。

▼サンゴしょうがたくさんあります。

国旗の色

日本から見たら「南の島」の国ぐにだね

ソロモン諸島の国旗

国名 **ソロモン諸島**
首都 ホニアラ 人口 約62万3千人

マーシャル諸島の国旗

国名 **マーシャル諸島共和国**
首都 マジュロ 人口 約5万3千人

きれい！行ってみたいな！

ミクロネシアの国旗

国名 **ミクロネシア連邦**
首都 パリキール 人口 約10万6千人

クイズ16 イスラム教の国の国旗に多い色は？

1. 緑・白・赤・黒の4色
2. 黄・白・緑の3色
3. 青と緑の2色

すごい！おいのりしている人がたくさん！

▲サウジアラビアのメッカにあるイスラム教の聖地、カーバ神殿。

国旗の色

クイズ17 アゼルバイジャンの国旗に使われている色はどれ？

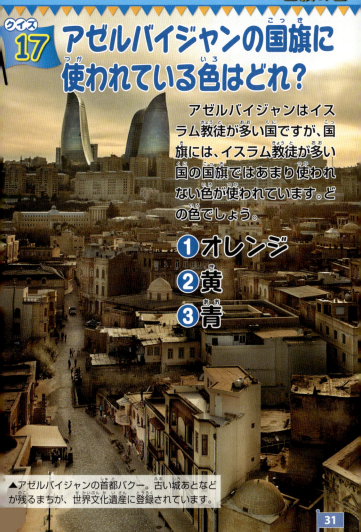

アゼルバイジャンはイスラム教徒が多い国ですが、国旗には、イスラム教徒が多い国の国旗ではあまり使われない色が使われています。どの色でしょう。

① オレンジ
② 黄
③ 青

▲アゼルバイジャンの首都バクー。古い城あとなどが残るまちが、世界文化遺産に登録されています。

国旗のクイズ図鑑

クイズ16 答え ❶ 緑・白・赤・黒の4色

　緑・白・赤・黒の4色は、イスラム教でとくに重要とされる、預言者ムハンマドの後の、4代の指導者を表す色です。アフガニスタン、イラク、アラブ首長国連邦、クウェート、シリア、ヨルダン、スーダンなど多くの国旗が、この色の組み合わせでできています。

イラクの国旗

- 国名 **イラク共和国**
- 首都 バグダッド
- 人口 約3934万人

アラブ首長国連邦の国旗

- 国名 **アラブ首長国連邦**
- 首都 アブダビ
- 人口 約954万人

ヨルダンの国旗

- 国名 **ヨルダン・ハシェミット王国**
- 首都 アンマン
- 人口 約990万人

スーダンの国旗

- 国名 **スーダン共和国**
- 首都 ハルツーム
- 人口 約4151万人

国旗の色

クイズ17 答え ❸ 青

　アゼルバイジャンの国旗は青・赤・緑の横じまでできています。イスラム教徒が多い国の国旗には、青はあまり使われないので、とてもめずらしい色の組み合わせです。青は国内にすむテュルク系民族の色で空を、赤は独立を守り進歩しようという決意を、緑はイスラム教の色で農業と森林のゆたかさを表しています。

アゼルバイジャンの国旗

国名 アゼルバイジャン共和国
首都 バクー　**人口** 約992万人

▼国営のアゼルバイジャン航空の飛行機にも、青が多く使われています。

Senohrabek / Shutterstock.com

国旗のクイズ図鑑

クイズ18 中央アメリカの国の国旗がにている理由は？

中央アメリカのホンジュラス、ニカラグア、エルサルバドルの国旗はよくにています。なぜでしょう。

ホンジュラスの国旗

国名 **ホンジュラス共和国**
首都 テグシガルパ　人口 約942万人

ニカラグアの国旗

国名 **ニカラグア共和国**
首都 マナグア　人口 約629万人

エルサルバドルの国旗

国名 **エルサルバドル共和国**
首都 サンサルバドル　人口 約641万人

❶ もとはひとつの国だった
❷ 自然がよくにている
❸ 同じ人が考えた

国旗の色

クイズ19 グアテマラの国旗の青は何を表している？

グアテマラも中央アメリカにある国です。国旗の左右の青はちがうものを表していますが、何と何でしょう。

① 海と空
② 太平洋とカリブ海
③ サリナス川とパシオン川

グアテマラの国旗

国名 **グアテマラ共和国**
首都 **グアテマラシティー**
人口 **約1725万人**

国旗のクイズ図鑑

クイズ18 答え ① もとはひとつの国だった

　グアテマラ、ホンジュラス、ニカラグア、エルサルバドル、コスタリカの中央アメリカ5か国は、19世紀の前半には中央アメリカ連邦共和国というひとつの国でした。ホンジュラスの国旗の5つの星は、たがいの友好や協調をしめしています。

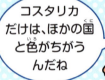

コスタリカだけは、ほかの国と色がちがうんだね

▼昔あった中央アメリカ連邦共和国の国旗。ニカラグアの国旗とにています。

コスタリカの国旗

国名 **コスタリカ共和国**
首都 サンホセ　人口 約495万人

国旗の色

クイズ19 答え ❷ 太平洋とカリブ海

グアテマラは、北海道と四国を合わせた面積より少し小さいくらいの国です。国土の東はカリブ海、南西は太平洋に面しており、国旗にもそれが表されています。中央の紋章には、中央アメリカ連邦共和国としてスペインから独立した1821年9月15日という年月日とともに、「世界一美しい鳥」ともいわれる、グアテマラの国鳥「ケツァール」がえがかれています。

◀長いかざり羽が美しいケツァール。カザリキヌバネドリともいいます。

グアテマラのお金の単位は、この鳥にちなんで「ケツァル」っていうの

▲グアテマラのお金。

国旗のクイズ図鑑

クイズ20 フランスの国旗は何とよばれている？

1. 青白赤旗
2. トリコロール（三色旗）
3. ユニオンカラー（連合色）

色がポイントみたいだね

フランスの国旗

国名 フランス共和国
首都 パリ
人口 約6523万人

国旗の色

クイズ21 フランスの国旗の3色の意味は？

1. 大地、空、海
2. 自由、平等、博愛
3. パン、チーズ、ワイン

❷トリコロール

　フランスの国旗はトリコロール（三色旗）といいます。この旗は、かつてパリの市民がフランス王家をたおしたフランス革命で、市民たちがかかげた旗です。青と赤は首都パリの色、白はフランスの王家の色です。市民と王様がなかよく国をおさめられるように、というねがいをこめたデザインなのです。

▲パリでの1830年の革命をテーマにした絵。市民のしょうちょうとして、トリコロールがふられています。

ドラクロワ作「民衆を導く自由の女神」 Oleg Golovnev / Shutterstock.com

国旗の色

クイズ 21 答え ❷ 自由、平等、博愛

　フランスの国旗の青は自由、白は平等、赤は博愛を表すといわれています。オランダから始まった赤・白・青の3色の旗はとても多く、アジアではタイやネパール、ヨーロッパではロシアやイギリス、南北アメリカではアメリカ、チリ、キューバなどの国旗があります。

「博愛」は、すべての人を平等に愛することよ

タイの国旗

国名 タイ王国
首都 バンコク
人口 約6918万人

ロシアの国旗

国名 ロシア連邦
首都 モスクワ
人口 約1億4397万人

キューバの国旗

国名 キューバ共和国
首都 ハバナ
人口 約1149万人

国旗のクイズ図鑑

クイズ22 イスラエルの国旗のもとになったのは何の色?

イスラエルの国旗には、白地に青で2本の帯と星がえがかれています。この色のもとになったのは何の色でしょう。

① 地中海の海と雲の色
② 死海でとれる石の色
③ ユダヤ教の指導者が着ける布の色

国名 イスラエル国
首都 エルサレム
人口 約845万人

クイズ23 エストニアの国旗の色の組み合わせは?

エストニアの国旗は横じまの三色旗ですが、ほかの国の国旗にない色の組み合わせです。どんな色でしょう。

① 黄・赤・白　② 青・黒・白　③ 緑・黄・黒

国旗の色

クイズ24 セーシェルの国旗に使われていない色は？

セーシェルはインド洋にうかぶ115の島からなる国です。国旗は5色でできたユニークなデザインですが、使われていない色は次のうちどれでしょう。

❶青　❷黒　❸白

クイズ25 ガンビアの国旗の青は何を表している？

ガンビアは、西アフリカの国です。国旗のまん中の青い帯は、何を表しているでしょう。

❶海
❷大きな湖
❸大きな川

ガンビアの国旗

国名　ガンビア共和国
首都　バンジュール
人口　約216万人

国旗のクイズ図鑑

クイズ22 答え ❸ ユダヤ教の指導者が着ける布の色

イスラエル人の多くはユダヤ教徒です。国旗は、「ユダヤ教徒の指導者が着けるタリスという布の色ともようをもとにして、その色で古代イスラエルのダビデ王のたてをえがこう」ということで、できたものです。

▲タリスを着けたユダヤ教徒。

クイズ23 答え ❷ 青・黒・白

エストニアの国旗で、青は古い紋章にえがかれた3頭の青いライオンの色、黒は国の悲しい歴史をわすれないという思い、白は国の明るい未来と発展を表しています。5年にいちど行われるタリン合唱祭では、2万以上もの人がいっしょに歌います。

■国名 **エストニア共和国**
■首都 タリン
■人口 約131万人

▲首都タリンのタリン合唱祭。

国旗の色

クイズ24 答え ❷黒

　セーシェルの5色の国旗は1996年から使われていて、未来に向かって進歩する国の新しい力を表しています。青は空と海、黄は太陽、赤は未来に向かって統一と愛をもってはたらく人びと、白は調和と正義、緑はゆたかな自然と大地を表しています。

- 国名 セーシェル共和国
- 首都 ビクトリア
- 人口 約9万5千人

クイズ25 答え ❸大きな川

　ガンビアは大西洋にそそぐガンビア川の下流にある国で、国旗の青はガンビア川を表しています。その上の赤は太陽とサバンナ、下の緑は農業と森林を表しています。青の外側の白い線は、川の両岸の道を表しています。

国旗のクイズ図鑑

クイズ 26 インドネシアの国旗とモナコの国旗はどこがちがう？

インドネシアとモナコの国旗はそっくりですが、ひとつだけちがうところがあります。どこでしょう。

❶ 上下が逆

❷ たてと横のひりつ

❸ 色のはば

ポーランドの国旗もよくにているんだって

▼インドネシアの首都ジャカルタ。

国名 **インドネシア共和国**
首都 ジャカルタ 人口 約2億6680万人

国旗の色

クイズ27 インドとスリランカの国旗に共通の色は何を表している?

インドとスリランカの国旗には、ともに緑とサフラン色（オレンジ色）が使われています。これらの色は何を表しているでしょう。

① **イスラム教徒とヒンズー教徒**
② **森と山**
③ **農業と牧畜**

インドの国旗

スリランカの国旗

国名 **インド**
首都 ニューデリー 人口 13億5405万人

国旗のクイズ図鑑

クイズ26 答え ❷ たてと横のひりつ

インドネシアとモナコの国旗はどちらも上半分が赤、下半分が白の2色ですが、たてと横のひりつがちがいます。インドネシア国旗は2：3、モナコ国旗は4：5です。国際連合（国連）※やオリンピックでは、国旗のたてと横のひりつを2：3にそろえるので、区別ができません。ちなみに、上下の色を逆にし、上が白、下が赤だとポーランド国旗になります。

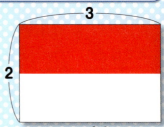
▲インドネシアの国旗。

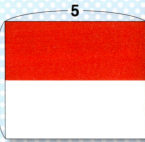
▲モナコの国旗。

本当にそっくりだ！

ポーランドの国旗

- 国名 **ポーランド共和国**
- 首都 ワルシャワ
- 人口 約3811万人

※世界平和と安全をめざしてつくられた、世界の国ぐにの集まり。

国旗の色

クイズ27 答え ① イスラム教徒とヒンズー教徒

スリランカの国民の多くは仏教徒ですが、ヒンズー教徒やイスラム教徒もいます。そこで、国旗の緑でイスラム教徒、サフラン色でヒンズー教徒を表し、その人たちともなかよくしようという意味をこめています。インドは、宗教にこだわらずに国づくりをする思いを国旗にこめ、ヒンズー教徒をサフラン色、イスラム教徒を緑、シーク教、ジャイナ教、仏教、キリスト教などさまざまな宗教を信仰する人たちを白で表しています。

▲インドのヒンズー教徒。

▲インドのイスラム教徒。

▲スリランカの仏教徒。

国旗のクイズ図鑑

クイズ28 カタールの国旗が今の色になった理由は？

カタールの国旗には、ほかの国旗には見られないような色が使われています。どうしてこの色になったのでしょう。

(国名) カタール国
(首都) ドーハ (人口) 約270万人

▲さばく地帯にあるカタールの首都ドーハ。

❶ もとは赤だったが太陽の光で色あせた

❷ となりの国とそっくりな旗だったので上から黒をぬった

❸ 赤にしたかったが、赤の絵の具がなかったので、べつの色にした

国旗の色

クイズ29 カナダの国旗の赤い帯は何を表している？

カナダの国旗は中央にカエデの葉、左右に赤い帯があります。この赤い帯は何を表しているでしょう。

❶ 太陽のかがやき
❷ 紅葉した山
❸ 太平洋と大西洋

国名 カナダ
首都 オタワ　人口 約3695万人

カナダは世界で２番目に大きい国だよ

51

国旗のクイズ図鑑

クイズ28 答え ① もとは赤だったが太陽の光で色あせた

チョコレートのような色の部分は、もともと赤でしたが、1936年に今の色になりました。かかげていた国旗が強い日ざしで色あせてしまったとき、「これでとなりのバーレーンの国旗と区別できる」ということで、そのまま今の国旗の色になりました。

バーレーンの国旗

国名 **バーレーン王国**
首都 マナーマ　人口 約157万人

イラン
バーレーン
カタール
サウジアラビア
アラブ首長国連邦

日本

バーレーンも2002年に今の国旗にかえたんだって！

国旗の色

クイズ29 答え ❸太平洋と大西洋

カナダの国旗は世界でただひとつ、海を赤で表しためずらしいデザインです。中央には大きなサトウカエデの葉がえがかれ、メープルリーフフラッグ（カエデの葉の旗）ともよばれます。サトウカエデはカナダを代表する木で、その木のみきから出るしるはメープルシロップになります。

▶紅葉したサトウカエデなどの木。

▼サトウカエデのみきからしるを集めているところ。

▲このしるをにると、メープルシロップができます。ホットケーキなどにかけるあまいみつです。

国旗のクイズ図鑑

クイズ30 カザフスタンの国旗の青は何を表している？

① 世界最大の湖「カスピ海」
② 空
③ 海へのあこがれ

カザフスタンの国旗

国名 **カザフスタン共和国** 首都 ヌルスルタン 人口 約1840万人

クイズ31 ウクライナの国旗の青と黄は何を表している?

① 青は空、黄は麦畑
② 青は黒海、黄は黄金
③ 青は雨、黄はゆたかな鉱物資源

ウクライナの国旗

国名 **ウクライナ** 首都 キエフ 人口 約4401万人

国旗のクイズ図鑑

クイズ30 答え ❷ 空

　カザフスタンは、カスピ海と中国との間にある、世界第7位の広さの国です。国旗の青は空で、中央には自由を表す太陽とワシがえがかれています。この青とワシは、12世紀に朝鮮半島から東ヨーロッパまではんいを広げ、世界の歴史上もっとも大きな国だったモンゴル帝国の旗からとったものです。旗ざお側（左側）にあるのは、国民の大部分をしめるカザフ人の伝統のもようです。

モンゴル帝国の歴史は、カザフスタンの人びとのほこりなのね！

Ruta Production / Shutterstock.com

▲カザフスタンには、ウマなどの家畜とともに季節ごとに移動してくらす人びともいます。

国旗の色

クイズ31 答え ❶ 青は空、黄は麦畑

ウクライナは世界でも有数の小麦の産地です。ヨーロッパなどに、たくさんの小麦を輸出しています。

麦畑が、国の代表的なけしきなんだね

▲ウクライナの広い麦畑。

国旗のクイズ図鑑

クイズ32 古い歴史のある国旗によく使われている色は？

① 赤と白 ② 赤と青 ③ 黄と緑

2色の旗でよくある色ってことかな？

国旗の色

クイズ33 コンゴ共和国の国旗はどんな三色旗？

3つの色でできた三色旗はたくさんあります。コンゴ共和国の国旗も緑・黄・赤の三色旗ですが、少しかわっています。どんな旗でしょう。

❶ いちばん上の色が広い

❷ ななめになっている

❸ 1色が左についている

「コンゴ」とつく国は、コンゴ共和国と、そのとなりのコンゴ民主共和国があるわよ

国旗のクイズ図鑑

クイズ32 答え ①赤と白

古い歴史のある国旗は、多くが赤と白です。デンマークやオーストリア、マルタの国旗は何百年も前から使われてきたといわれます。日本の「日の丸」も赤と白ですね。最近独立した国は、2色や3色ではデザインしにくく、5色や6色を使うことも多くなっています。

デンマークの国旗
- 国名 **デンマーク王国**
- 首都 コペンハーゲン
- 人口 約575万人

オーストリアの国旗
- 国名 **オーストリア共和国**
- 首都 ウィーン　人口 約875万人

マルタの国旗
- 国名 **マルタ共和国**
- 首都 バレッタ　人口 約43万2千人

国旗の色

クイズ33 答え ❷ななめになっている

コンゴ共和国の国旗は、ななめの三色旗です。ちょっとかわった三色旗はほかに、いちばん上の色が広いコロンビアの国旗や、1色だけたてになったマダガスカルの国旗などがあります。

コンゴ共和国の国旗
- 国名 **コンゴ共和国**
- 首都 ブラザビル
- 人口 約540万人

コロンビアの国旗

国名 **コロンビア共和国**
首都 ボゴタ 人口 約4947万人

マダガスカルの国旗

国名 **マダガスカル共和国**
首都 アンタナナリボ 人口 約2626万人

国旗のクイズ図鑑

クイズ34 ドイツの国旗の3色は何を表している?

ドイツの国旗は黒・赤・黄(金)が横じまになった三色旗です。これらの色は何を表しているでしょう。

① 黒は大砲、赤は血、黄は国土
② 黒は黒い服、赤はその服のえり、黄は服の金ボタン
③ 黒は軍艦、赤は太陽、黄は麦畑

もともとどんなときにかかげたんだろう?

ドイツの国旗

国名 ドイツ連邦共和国
首都 ベルリン
人口 約8229万人

国旗の色

クイズ35 スペインの国旗の意味は？

スペインの国旗は、黄の太い帯の上下に、赤のやや細い帯があります。これにはどんな意味があるでしょう。

❶ 血を流しても国土を守りぬく強い気持ち

❷ かがやく太陽とともにさかえる国の未来

❸ 一面に広がる麦畑にそそぐ太陽のめぐみ

> 紋章は、5つの王国の紋章を合わせたものなんだって

スペインの国旗

- 国名 スペイン王国
- 首都 マドリード
- 人口 約4640万人

国旗のクイズ図鑑

クイズ34 答え ❷ 黒は黒い服、赤はその服のえり、黄は服の金ボタン

　この旗はもともと、いくつかの国にわかれていたドイツをひとつの国にする運動を起こした人たちがかかげていたものです（1848年のベルリン三月革命）。この３色は、ドイツがフランスのナポレオン皇帝の軍とたたかったときの軍服やえり、ボタンの色からきているといわれます。

▶1848年の三月革命で、ドイツのしょうちょうとしてえがかれた絵。黒・赤・黄の旗がえがかれています。

mathrong

国旗の色

クイズ35 答え ① 血を流しても国土を守りぬく強い気持ち

　スペインの国旗は「血と金の旗」とよばれ、国土を守る気持ちを表しています。今のスペイン人の多くはキリスト教徒ですが、かつてこの地域は、長い間イスラム教徒が支配していました。キリスト教徒たちはさまざまな抵抗運動によって、国土を取りもどしました。柱にまきついた帯にはスペイン語で「より遠くへ」と書かれていますが、15世紀にコロンブスが新大陸にたどりつくまでは「ここは世界のはて」と書かれていました。

▼スペインの世界遺産「アルハンブラ宮殿」は、イスラム教徒が支配していた時代にたてられたものです。

国旗のクイズ図鑑

クイズ 36 平和のしょうちょうとしてよく国旗にえがかれる植物は？

① サクラ
② オリーブ
③ 麦

生き物がえがかれた国旗

クイズ37 フィジーの国旗の紋章にえがかれている植物は？

太平洋の島国フィジーの国旗には、いろいろな南国らしい植物がえがかれています。それは次のうちどれでしょう。

▼フィジーの島。

❶ パイナップル、バナナ、オレンジ
❷ ココナツ、キウイ、パパイア
❸ ヤシの木、バナナ、サトウキビ

国旗のクイズ図鑑

クイズ36 答え ❷オリーブ

　オリーブは地中海のまわりなどでよく見られる植物です。旧約聖書に、「大洪水が起こったときに方舟に乗ってひなんしたノアがハトを放ったところ、ハトがオリーブのえだをくわえてもどってきた。ノアたちはそのことから、水が引き平和がきたことを知った」という話があります。この話からオリーブやハトは平和のしょうちょうとされています。オリーブは国連の旗のほか、エリトリアなど多くの国旗で使われています。

国際連合旗

▲オリーブのリースがえがかれています。

エリトリアの国旗

国名 **エリトリア国**
首都 **アスマラ**　人口 **約519万人**

生き物がえがかれた国旗

クイズ37 答え ❸ ヤシの木、バナナ、サトウキビ

　フィジーの国旗は、南太平洋を表す明るい青の上に、イギリスの「ユニオン・ジャック」と紋章がえがかれたものです。

　紋章にはカカオのからをもつライオン（上）と、ヤシの木（右中）、バナナ（右下）、サトウキビ（左中）、オリーブのえだをくわえて飛ぶハト（左下）がえがかれています。

国名 フィジー共和国
首都 スバ
人口 約91万2千人

フィジーの国旗

国旗のクイズ図鑑

クイズ 38 メキシコの国旗にえがかれている植物は？

メキシコの国旗には、メキシコでよく見られる植物がえがかれています。それは次のうちどれでしょう。

❶ 大きなキノコ

❷ パイナップルの実

❸ サボテン

生き物がえがかれた国旗

クイズ39 レバノンの国旗にえがかれている木は？

地中海の東にあるレバノンの国旗には、世界遺産になっている木がえがかれています。何という木でしょう。

❶ レバノンスギ

❷ 地中海松

❸ ヨーロッパ　オオクスノキ

クイズ38 答え ❸サボテン

　メキシコの国旗には、サボテンがえがかれています。メキシコには「サボテンにとまったワシがヘビをくわえているようすを見たら、そこに首都をつくりなさい」という神様のおつげから首都メキシコ・シティがつくられた、という言い伝えがあります。メキシコの国旗には、この話がえがかれているのです。

　国旗にヘビがえがかれているのは、メキシコだけです。

メキシコの国旗

国名 **メキシコ合衆国**　首都 メキシコ・シティ　人口 約1億3076万人

生き物がえがかれた国旗

クイズ39 答え ①レバノンスギ

レバノンスギは、地中海の東にしげっていた大きな木で、「聖書」にも何度も出てきます。このあたりにすんでいたフェニキア人は、レバノンスギで船をつくり、地中海を行き来しました。

レバノンの国旗

しかし、近年はたくさん切りすぎて数が少なくなっており、日本とも力を合わせて守り、ふやそうとしています。

国名 レバノン共和国
首都 ベイルート
人口 約609万人

▲レバノンスギの森。

国旗のクイズ図鑑

クイズ40 ウガンダの国旗のまん中にえがかれている鳥は？

東アフリカの国ウガンダの国旗のまん中には、美しい鳥がえがかれています。その鳥はどれでしょう。

❶ 死んだ動物を食べるハゲワシ
❷ ピンク色が美しいフラミンゴ
❸ りっぱなかんむりをもつ
　ホオジロカンムリヅル

生き物がえがかれた国旗

クイズ41 国旗に色あざやかなインコがえがかれている国は？

① カリブ海の島国ドミニカ国

② アフリカの国カメルーン

③ 南太平洋の島国サモア

クイズ40 答え ③ りっぱなかんむりをもつホオジロカンムリヅル

　ホオジロカンムリヅルは東アフリカなどにすむ美しい鳥で、ウガンダの国鳥です。黒・黄・赤の3色のしまもようの国旗の国はほかにドイツ、ベルギーがありますが、6本のしまはウガンダの国旗だけです。黒はアフリカとそこにすむ人、黄は太陽、赤は世界の人たちとなかよくしようという思いを表しています。

ウガンダの国旗

国名 **ウガンダ共和国**　首都 カンパラ　人口 約4427万人

ベルギーの国旗
国名 **ベルギー王国**
首都 ブリュッセル
人口 約1150万人

生き物がえがかれた国旗

クイズ41 答え ① カリブ海の島国 ドミニカ国

ドミニカ国の国旗には、国鳥のミカドボウシインコがえがかれています。ドミニカ国にしか、いない鳥です。

ドミニカ国の国旗

- 国名 **ドミニカ国**
- 首都 **ロゾー**
- 人口 **約7万4千人**

▲ミカドボウシインコ。
© Frank W Lane/FLPA/Corbis/amanaimages

ドミニカ共和国

ドミニカ国

ドミニカ共和国の国旗

- 国名 **ドミニカ共和国**
- 首都 **サントドミンゴ**
- 人口 **約1088万人**

なお、ドミニカという名前のつく国はもうひとつあります。「ドミニカ共和国」といい、ドミニカ国より西の島にあります。

国旗のクイズ図鑑

クイズ42 エアドルとボリビアの国旗にえがかれている鳥は？

南アメリカのエクアドルとボリビアの国旗には、同じ鳥がえがかれています。その鳥は次のうちどれでしょう。

❶ カラス

❷ フクロウ

❸ コンドル

生き物がえがかれた国旗

クイズ43 パプアニューギニアの国旗にえがかれている鳥は?

パプアニューギニアの国旗にはフウチョウという鳥がえがかれていますが、この鳥はべつの名前でも有名です。それは次のうちどれでしょう。

1. タイヨウチョウ
2. ニジイロチョウ
3. ゴクラクチョウ

パプアニューギニアの国旗

国名 **パプアニューギニア独立国** 首都 ポートモレスビー 人口 約842万人

国旗のクイズ図鑑

クイズ42 答え ❸ コンドル

コンドルは南アメリカにすむ大きな鳥で、神話や歌にも登場するなど、南アメリカを代表する動物です。エクアドル、ボリビアのほか、同じ南アメリカのチリやコロンビアの国鳥にもなっています。

▶つばさを広げて空を飛ぶコンドル。

エクアドルの国旗

国名 エクアドル共和国
首都 キト **人口** 約1686万人

ボリビアの国旗

国名 ボリビア多民族国
首都 ラパス **人口** 約1122万人

※コンドルには、首に白い輪があります。

生き物がえがかれた国旗

クイズ43 答え ❸ ゴクラクチョウ

▶オスのアカザリフウチョウ。

フウチョウのなかまはとてもあざやかな色の羽をもち、ゴクラクチョウともよばれます。国旗にえがかれているのは、国のシンボルであるアカザリフウチョウです。

パプアニューギニアは赤道より少し南にある国で、国旗には南十字星もえがかれています。

フウチョウのなかまはたくさんいるよ！図鑑で調べてみよう！

国旗のクイズ図鑑

クイズ44 ペルーの国旗にえがかれている動物は？

ペルーの国旗には、南アメリカにすむ動物がえがかれています。それは次のうちどれでしょう。

① アルパカ
② ビクーニャ
③ ジャガー

生き物がえがかれた国旗

クイズ45 ベネズエラの国旗にえがかれているウマはどうかわった?

南アメリカのベネズエラの国旗の紋章には白いウマがえがかれています。2006年までは、今とちがうポーズでしたが、どんなポーズだったでしょう。

国名 ベネズエラ・ボリバル共和国　首都 カラカス　人口 約3238万人

❶ 走らずに立ち止まっていた
❷ 後ろあしで立っていた
❸ 後ろをふり向いていた

国旗のクイズ図鑑

クイズ44 答え ❷ ビクーニャ

ビクーニャはラクダのなかまの動物です。アンデス山脈の富士山よりも高いような高原に、小さなむれをつくってすんでいます。美しく、はだざわりもいいビクーニャの毛は、大昔から高級品とされています。

ペルーの国旗※
- 国名 ペルー共和国
- 首都 リマ 人口 約3255万人

▲高原でむれをつくってくらすビクーニャ。

※ペルーの国旗は、紋章のないものを使う場合もあります。

生き物がえがかれた国旗

クイズ45 答え
❸後ろをふり向いていた

　かつてのベネズエラの国旗にえがかれたウマは、右向きに走りながらふり返っていましたが、左にまっすぐ走るものにかわりました。国はふり返らないで進むため、今のようにかえた、ということです。

▲ベネズエラの昔の国旗。

◀ベネズエラにある世界一の落差のたき「エンジェル・フォール」。

国旗のクイズ図鑑

クイズ46 ブータンの国旗にえがかれている動物は？

国旗には想像上の動物がえがかれているものもあります。仏教徒の多い国ブータンの国旗にえがかれている想像上の動物は、次のうちどれでしょう。

❶ おに

❷ ペガサス

❸ りゅう
（竜）

生き物がえがかれた国旗

クイズ 47 アルバニアの国旗にえがかれているワシのとくちょうは？

アルバニアの国旗には、かわったすがたのワシがえがかれています。どんなワシでしょう。

❶ 頭が2つある

❷ あしが3本ある

❸ つばさが4まいある

国旗のクイズ図鑑

クイズ46 答え ③りゅう（竜）

ブータンの人は自分の国を「りゅうの国」とよび、この旗も昔から使われてきました。富を表す玉を持つりゅうは、やさしさと心の広さを持つ王家のしるしです。また、左上の黄色は「国王の力」、右下のオレンジ色は仏教の教え、りゅうの白は「清らかさ」をそれぞれ表しています。

ブータンの国旗

国名 **ブータン王国**
首都 ティンプー　人口 約81万7千人

▼ブータンでは、仮面をかぶっておどるお祭りが行われます。

生き物がえがかれた国旗

クイズ47 答え ❶頭が2つある

アルバニアの国旗には「頭が2つあるワシ」がえがかれています。この2つの頭はそれぞれアジアとヨーロッパを見つめており、この国が2つの地域の間にあることを表しています。頭が2つあるワシは、もともと東ローマ帝国のしるしで、セルビアやモンテネグロの国旗にもえがかれています。

アルバニアの国旗

国名 **アルバニア共和国**
首都 ティラナ 人口 約293万人

セルビアの国旗

国名 **セルビア共和国**
首都 ベオグラード 人口 約876万人

モンテネグロの国旗

国名 **モンテネグロ**
首都 ポドゴリツァ 人口 約63万人

国旗のクイズ図鑑

クイズ48 スリランカの国旗にえがかれている動物は？

スリランカの国旗には、実際にはありえないことをする動物がえがかれています。それは次のうちどれでしょう。

① 空をとぶゾウ

② 尾びれで立つクジラ

③ 刀を持つライオン

生き物がえがかれた国旗

クイズ49 人間がえがかれている国旗はある？

動物や植物がえがかれている国旗はたくさんありますね。では、人間がえがかれている国旗はあるでしょうか。

❶ある ❷ない ❸昔はあった

クイズ50 エジプトの国旗にえがかれている動物は？

エジプトはピラミッドで有名な国です。国旗の中央にはある動物がえがかれていますが、それは次のうちどれでしょう。

▲ピラミッドとスフィンクス。

❶ライオン
❷ワシ
❸ゾウ

国旗のクイズ図鑑

クイズ48 答え ③ 刀を持つライオン

刀を持つライオンは、昔のスリランカの王国のシンボルです。この王家はライオンの子孫だという言い伝えがあり、ライオンが持っている刀は王家の力を表しています。

スリランカの国旗

- 国名 **スリランカ民主社会主義共和国**
- 首都 スリ・ジャヤワルダナプラ・コッテ
- 人口 約2095万人

▼スリランカにある昔の王国のいせき。

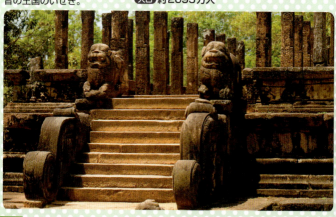

生き物がえがかれた国旗

クイズ49 答え ①ある

中央アメリカにあるベリーズの国旗には、ふたりの人間がえがかれています。これは、国民がさまざまな民族からなることを表しています。おもにスペイン語が使われる中央アメリカではめずらしく、ベリーズではおもに英語が使われています。

ベリーズの国旗

国名 ベリーズ
首都 ベルモパン **人口** 約38万2千人

クイズ50 答え ②ワシ

国旗のワシは「サラディーンのワシ」といいます。サラディーンというのは今から1000年ほど前、エジプトで王様になった人で、ワシはそのシンボルです。サラディーンは、十字軍（キリスト教徒）とのたたかいで、つかまえてきもだいじにした、心やさしい軍人としても知られています。赤・白・黒の3色の横じまはイエメン、シリア、イラク、スーダンの国旗と同じで、アラブ統一のねがいがこめられています。

エジプトの国旗

国名 エジプト・アラブ共和国
首都 カイロ **人口** 約9938万人

国旗のクイズ図鑑

クイズ51 太陽を表す色として国旗に使われていないのは？

太陽をえがいた国旗はたくさんありますが、使われている色はさまざまです。太陽を表す色として、国旗に使われていない色はどれでしょう。

星・月・太陽がえがかれた国旗

❶白

❷ピンク

❸オレンジ

みんなは太陽をかくとき何色を使う？

※太陽をちょくせつ見てはいけません。

国旗のクイズ図鑑

クイズ51 答え ②ピンク

日本やバングラデシュでは赤、ニジェールやナミビアではオレンジ、フィリピンや北マケドニアでは黄、ネパールでは白の太陽が国旗にえがかれています。太陽がえがかれている国旗はほかにもたくさんありますが、ピンクの太陽がえがかれているものはありません。

バングラデシュの国旗

- 国名 **バングラデシュ人民共和国**
- 首都 ダッカ
- 人口 約1億6636万人

ナミビアの国旗

- 国名 **ナミビア共和国**
- 首都 ウィントフック
- 人口 約259万人

星・月・太陽がえがかれた国旗

本当だ！太陽は国によっていろいろな色でえがかれているんだね

北マケドニアの国旗

国名 **北マケドニア共和国**
首都 スコピエ
人口 約208万人

ネパールの国旗

国名 **ネパール連邦民主共和国**
首都 カトマンズ
人口 約2962万人

国旗のクイズ図鑑

クイズ52 アルゼンチンとウルグアイの国旗にえがかれている太陽のとくちょうは？

アルゼンチンとウルグアイは南アメリカ大陸にあるとなり同士の国ですが、どちらの国旗にもとくちょうのある太陽がえがかれています。どんなとくちょうでしょう。

❶ 顔がある

❷ 欠けている

❸ ゆがんでいる

星・月・太陽がえがかれた国旗

クイズ53 マラウイの国旗が表しているものは？

アフリカ南東部のマラウイの国旗にえがかれている赤い半円は何を表しているでしょう。

マラウイの国旗

国名 **マラウイ共和国** 首都 リロングウェ 人口 約1916万人

① たき火
② 日の出
③ 夕日

うーん…どれかなぁ

国旗のクイズ図鑑

クイズ52 答え ①顔がある

アルゼンチンとウルグアイの国旗には「五月の太陽」とよばれる、顔のある太陽がえがかれています。アルゼンチン地方がスペインからの独立戦争に勝利した日、ずっとふっていた雨が上がって太陽がかがやいたのだそうです。そのため、この2つの国の国旗には、顔のある「五月の太陽」がえがかれているのです。

アルゼンチンの国旗

- 国名 **アルゼンチン共和国**
- 首都 ブエノスアイレス
- 人口 約4469万人

ウルグアイの国旗

- 国名 **ウルグアイ東方共和国**
- 首都 モンテビデオ
- 人口 約347万人

本当だ！顔があるね

星・月・太陽がえがかれた国旗

クイズ53 答え ❷日の出

マラウイの国旗には、アフリカ大陸から上る太陽がえがかれています。半円なのは、これから大きく発展したいというねがいをこめたためです。この旗は1968年から使われていましたが、2010年からは「もう十分に発展した」という理由で、光を放つ円（太陽）がえがかれた旗にかわりました。しかし今はまた、もとの旗にもどっています。ほかに、アンティグア・バーブーダとキリバスの国旗にも日の出がえがかれています。

▲2010年から2年間だけ使われたマラウイの国旗。

アンティグア・バーブーダの国旗

国名 **アンティグア・バーブーダ**
首都 セントジョンズ　人口 約10万人

キリバスの国旗

国名 **キリバス共和国**
首都 タラワ　人口 約11万8千人

国旗のクイズ図鑑

クイズ54 国旗の月と星は何を表している？

国旗には、月と星のえがかれたものが多くあります。これらは何を表しているのでしょう。

アルジェリアの国旗

- 国名 **アルジェリア民主人民共和国**
- 首都 アルジェ
- 人口 約4200万人

チュニジアの国旗

- 国名 **チュニジア共和国**
- 首都 チュニス
- 人口 約1165万人

星・月・太陽がえがかれた国旗

① 夜の時間が長い国だということ
② 平和
③ イスラム教

クイズ54 答え ❸イスラム教

　いちばんはじめに国旗に月と星をえがいたのはトルコだといわれています。月と星はイスラム教を表していて、イスラム教を信じる人の多い国の国旗によくえがかれています。

◀月と星がえがかれたパキスタンのお金。

コモロの国旗

国名 **コモロ連合**
首都 モロニ
人口 約83万2千人

星・月・太陽がえがかれた国旗

パキスタンの国旗

国名 **パキスタン・イスラム共和国**
首都 **イスラマバード**
人口 **約2億81万人**

ウズベキスタンの国旗

国名 **ウズベキスタン共和国**
首都 **タシケント** 人口 **約3237万人**

モルディブの国旗

国名 **モルディブ共和国**
首都 **マレ** 人口 **約44万4千人**

クイズ55 ラオスの国旗の青は何を表している?

ラオスとパラオの国旗は、青い地色に満月がえがかれています。パラオの国旗の青は太平洋を表しています。では、ラオスの国旗の青は何を表しているでしょう。

ラオスの国旗

国名 **ラオス人民民主共和国**
首都 ビエンチャン 人口 約696万人

❶ メコン川
❷ 夜空
❸ 南シナ海

星・月・太陽がえがかれた国旗

クイズ 56 パラオの国旗にえがかれた満月が、少し横にずれているのはなぜ？

パラオの国旗にえがかれている満月は、旗ざお側（左側）に少しよっています。なぜでしょう。

パラオの国旗

国名 **パラオ共和国**
首都 マルキョク 人口 約2万2千人

① 旗をあげたとき、満月がまん中に見えるようにするため
② 太平洋の西側にあることを表すため
③ 満月がしずむところを表すため

①メコン川

　ラオスの国旗は、メコン川の上にうかぶ月をデザインしたものです。メコン川は中国西部から南シナ海に注ぐ大きな川で、ラオスとタイの国境線にもなっています。メコン川には日本の援助で橋がかけられ、ラオスのお札にはその橋がえがかれています。

▲日本の援助でメコン川にかけられたパクセー橋。ラオスの1万キープ札（キープはラオスのお金の単位）にえがかれています。

星・月・太陽がえがかれた国旗

クイズ56 答え ① 旗をあげたとき、満月がまん中に見えるようにするため

　パラオの国旗は、太平洋にうかぶ満月をデザインしたものです。えがかれた満月は、横はばの10分の1だけ旗ざお側（左側）によっています。こうすることで、旗をあげたときに、満月がまん中に見えるようになるそうです。パラオは昔、日本がおさめていたことがあるので、「学校」「黒板」などたくさんの日本語がそのままパラオ語になっています。

▲パラオの国旗をあげたところ。

クイズ57 オーストラリアなどの国旗にえがかれている星座は？

オーストラリア、ニュージーランド、サモア、パプアニューギニアなどの国旗には、同じ星座がえがかれています。何という星座でしょう。

① 北斗七星
② カシオペア座
③ 南十字座

星・月・太陽がえがかれた国旗

クイズ58 ブラジルの国旗にえがかれた星は何を表している?

ブラジルの国旗には、27この星がえがかれています。そのうちの26こはブラジルにある26の州を表しています。では、もう1こは何を表しているでしょう。

ブラジルの国旗

国名 ブラジル連邦共和国
首都 ブラジリア
人口 約2億人

❶ 2016年のオリンピックの開さい地リオデジャネイロ
❷ 最大の都市サンパウロ
❸ 首都ブラジリアを中心とする地区

国旗のクイズ図鑑

クイズ57 答え ③南十字座

国旗にえがかれている星座は、南十字座です。南半球では南十字座はいつでも夜空のほぼ真南に見えるため、昔の船乗りにとってとくにたいせつな星座でした。問題文の4つの国はすべて南半球にある国です。

◀南十字座。

とってもわかりやすい星座ね！

サモアの国旗

国名 **サモア独立国**
首都 アピア 人口 約20万人

ニュージーランドの国旗

国名 **ニュージーランド**
首都 ウェリントン 人口 約475万人

星・月・太陽がえがかれた国旗

クイズ58 答え ❸ 首都ブラジリアを中心とする地区

　国旗の中央にえがかれているのは、1889年11月15日午前8時30分のリオデジャネイロの空です。この日、ブラジルが帝国から共和国となりました。27このこ星はブラジルの26州と、首都ブラジリアを中心とする地区を表しています。どの星がどの州を表すかも決められています。中央の白い帯にはポルトガル語で「秩序と進歩」と書かれています。

> ブラジルの国旗にも南十字座がえがかれているよ

▲国旗がかかげられたブラジルの国会。

113

国旗のクイズ図鑑

クイズ59 マレーシアの国旗の星のとんがり部分はいくつ？

国旗の星の多くはとんがり部分が5つですが、もっとたくさんのとんがり部分をもつ星がえがかれた国旗もあります。いちばんとんがり部分が多いマレーシアの国旗の星の、とんがり部分はいくつでしょう。

❶10　❷12　❸14

クイズ60 ブルンジの国旗の星のとんがり部分はいくつ？

アフリカの国ブルンジの国旗にえがかれている星の、とんがり部分はいくつでしょう。

❶0　❷4　❸6

星・月・太陽がえがかれた国旗

クイズ61 ナウルの国旗にえがかれた星が表しているのは?

ナウルは赤道の少し南にある小さな島国です。国旗にえがかれた白い星は何を表しているでしょう。

❶ 南の空でいちばん明るい星カノープス
❷ 海にうつった満月
❸ ナウル島

ナウルの国旗

国名 ナウル共和国　首都 ヤレン　人口 約1万1千人

国旗のクイズ図鑑

クイズ59 答え ③ 14

マレーシアの国旗にえがかれた星のとんがり部分は、13の州と国の政府を表しています。赤と白のしまもようも、同じように13の州と国の政府を表していて、14本あります。

マレーシアの国旗

- 国名 **マレーシア**
- 首都 クアラルンプール
- 人口 約3204万人

クイズ60 答え ③ 6

ブルンジの国旗には、とんがり部分が6つある星が3こえがかれています。この3この星は、ブルンジにすむおもな民族であるフツ族、トワ族、ツチ族と、国のモットーである「統一、労働、進歩」を表しています。

ブルンジの国旗

- 国名 **ブルンジ共和国**
- 首都 ブジュンブラ
- 人口 約1122万人

星・月・太陽がえがかれた国旗

クイズ61 答え ③ナウル島

ナウルの国旗の上半分は北太平洋、下半分は南太平洋、黄色の線は赤道を表しています。白い星はナウル島で、ナウル島が赤道のすぐ南にあることを表しています。西アフリカの島国カーボベルデの国旗もにたデザインで、赤道を赤い線で、赤道の近くにある島じまを10この星で表しています。

カーボベルデの国旗

国名 カーボベルデ共和国
首都 プライア　**人口** 約55万3千人

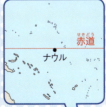

ナウルは赤道のすぐ南にあるね！

117

国旗のクイズ図鑑

クイズ62 アメリカの国旗にえがかれている星の数はいくつ？

アメリカの国旗は「星条旗」とよばれています。国旗にえがかれている星の数はいくつでしょう。

1、2、3、4…あれ？ どこまで数えたっけ？？

▲アメリカの国旗「星条旗」。

❶45こ　❷48こ　❸50こ

星・月・太陽がえがかれた国旗

▲アメリカ合衆国議会議事堂。

▲ニューヨークにある自由の女神像。

▲昔の大統領の顔がほられたラシュモア山。

▶大統領のすむホワイトハウス。

国旗のクイズ図鑑

クイズ62 答え **③ 50こ**

　アメリカの国旗は、赤と白の13本の線がイギリスから独立したときの州の数、青い部分の星が今の州の数を表しています。そのため、星の数は州の数とともに少しずつふえてきました。ハワイが州になった次の年の独立記念日（1960年7月4日）から、50この星がある今の国旗が使われています。チリやリベリアの国旗は、アメリカの国旗のイメージからつくられました。

国名 **アメリカ合衆国**
首都 ワシントンD.C.　人口 約3億2千万人

星の数は50こ

赤と白の線は13本

星・月・太陽がえがかれた国旗

チリの国旗

- 国名 **チリ共和国**
- 首都 サンティアゴ
- 人口 約1820万人

リベリアの国旗

- 国名 **リベリア共和国**
- 首都 モンロビア
- 人口 約485万人

本当だ！アメリカの国旗とにているね

国旗のクイズ図鑑

クイズ63 キルギスの国旗にえがかれているものは？

キルギスの国旗にえがかれているものは何でしょう。

キルギスの国旗

国名 **キルギス共和国** 首都 ビシュケク 人口 約613万人

① **太陽と月と星**
② **大地を流れる川**
③ **太陽と移動用テント**

▶キルギスの移動用テント。

いろいろなもようの国旗

クイズ64 トルクメニスタンの国旗のもとになったもようは？

トルクメニスタンの国旗には、ふくざつなもようがえがかれています。もとになったもようは何でしょう。

トルクメニスタンの国旗

ここにならんだもようだよ。

国名 トルクメニスタン
首都 アシガバット
人口 約585万人

❶ ステンドグラス

❷ 民族いしょう

❸ じゅうたん

クイズ63 答え ③太陽と移動用テント

キルギスの国旗のまん中にえがかれているのは、太陽と、遊牧民が移動するときに使う移動用テント（パオ）の天じょうです。キルギスには、テントでくらし、きせつごとに移動する遊牧民が多くすんでいました。

▲移動用テントの天じょう。

▲移動用テントの中。

いろいろなもようの国旗

クイズ64 答え ❸ じゅうたん

　国旗の左にえがかれているのは、じゅうたんのもようです。5つの星はトルクメニスタンのおもな部族とその州を表しており、じゅうたんのもようはそれぞれの部族の紋章です。じゅうたんのもようの下にえがかれているのはオリーブの葉で、平和を表しています。

▼市場で売られているじゅうたん。

▲ふくざつなもようがおられたじゅうたん。

国旗のクイズ図鑑

クイズ65 赤十字のもとになったのはどこの国旗？

赤十字社は、世界中で戦争や災害で苦しむ人を助けている団体です。赤十字社のシンボルである白地に赤の十字の旗は、どの国旗をもとにつくられたでしょう。

▲赤十字社の旗。

❶ アメリカの国旗
❷ スイスの国旗
❸ フランスの国旗

いろいろなもようの国旗

クイズ66 赤新月社のマークのもとになったのはどこの国旗？

イスラム教を信じる人の多い国には、赤十字社と同じ活動をしている赤新月社という団体があります。この団体のマークのもとになったのはどの国旗でしょう。

▲赤新月社の旗。

① トルコの国旗
② サウジアラビアの国旗
③ ヨルダンの国旗

❷スイスの国旗

アンリ・デュナンが赤十字をつくるとき、スイス政府が手助けをしました。そこで、デュナンの生まれた国でもあるスイス政府へのそんけいと感謝を表すため、赤十字社の旗は、スイスの国旗の色を逆にしてつくられました。

十字はキリスト教のシンボルでもあるので、イスラム教を信じる人の多い国ではちがうマークの旗が使われています。

スイスの国旗

国名 **スイス連邦**
首都 ベルン　人口 約854万人

◀アメリカで災害のときに出動した、赤十字社の救援車（1994年）。

※イスラエルでは、◇のマークの「レッドクリスタル」を使っています。

いろいろなもようの国旗

クイズ66 答え ①トルコの国旗

1863年、国際赤十字ができました。その4年後、イスラム教を信じる人の多いトルコが参加するとき、赤十字のマークはキリスト教を思い起こすということで、トルコの国旗の月の部分を赤くして赤新月社とよぶことにしました。その後、ほかのイスラム教を信じる人の多い国がくわわり、赤新月社という名前で国際赤十字に参加しています。

トルコの国旗

国名 **トルコ共和国**
首都 アンカラ 人口 約8192万人

◀2009年のトルコの大洪水のとき、赤新月社からとどいた毛布や服などの救援物資。

クイズ67 イギリスの国旗は何とよばれている？

日本の国旗を「日の丸」とよぶように、国旗には愛称のあるものがあります。イギリスの国旗の愛称は何でしょう。

イギリスの国旗

国名 グレートブリテン及び北アイルランド連合王国
首都 ロンドン　人口 約6657万人

❶ トリコロール
❷ 星条旗
❸ ユニオン・ジャック

いろいろなもようの国旗

クイズ 68 国旗にイギリスの国旗がえがかれている国はいくつある?

イギリスはかつて世界中に領土があり、「太陽のしずむことのない国」とよばれていました。そのため、世界各地の国旗の一部にイギリスの国旗がえがかれています。現在、そのような国はいくつあるでしょう。

❶ 3つ
❷ 6つ
❸ 8つ

▶イギリス女王のエリザベス2世。

うーん…いくつぐらいあるのかなあ

Atlaspix / Shutterstock.com

国旗のクイズ図鑑

クイズ67 答え ③ ユニオン・ジャック

イギリスは、正式には「グレートブリテン及び北アイルランド連合王国」といい、グレートブリテン島とアイルランド島にあった王国が連合（ユニオン）してできた国です。そのため国旗も、この国のもとになったイングランド、スコットランド、北アイルランドの旗を合わせたものになっています。「ジャック」は、船の先に立てる旗のことです。ユニオン・ジャックのほかにユニオン・フラッグとよぶこともあります。17世紀、イギリスはこの旗を船に立て、世界各地に進出しました。

イングランドの旗

＋

スコットランドの旗

＋

北アイルランドの旗

ユニオン・ジャック

＝

※イングランドは、ロンドンを中心とする南部、スコットランドは北部です。そのほかに西部に「ウェールズ」があります。

いろいろなもようの国旗

クイズ68 答え ❷ 6つ

　2019年3月の時点で、イギリスの国旗を自分の国の旗の一部に取り入れているのは、オーストラリア、ニュージーランド、フィジー、ツバル、クック諸島、ニウエの6か国です。いずれもイギリスの国旗を左上にえがいています。

オーストラリアの国旗

国名 オーストラリア連邦
首都 キャンベラ　人口 約2477万人

クック諸島の国旗

国名 クック諸島
首都 アバルア　人口 約1万7千人

ツバルの国旗

国名 ツバル
首都 フナフティ　人口 約1万1千人

※クック諸島、ニウエは国連には加盟していませんが、日本が国家として承認しています。

国旗のクイズ図鑑

クイズ69 バヌアツの国旗にえがかれているものは？

バヌアツは、太平洋の島国で、およそ80の島からできています。国旗にはどんなもようがえがかれているでしょう。

❶ ウマのしっぽ
❷ ウシの角
❸ ブタのきば

クイズ70 バルバドスの国旗にえがかれているものは？

カリブ海の島国バルバドスの国旗には、ある神様の道具がえがかれています。それは何でしょう。

❶ 海の神ネプチューンのほこ
❷ 知恵の神ミネルバのたて
❸ 狩りの神ディアナの弓

いろいろなもようの国旗

クイズ71 ベトナムの国旗は何とよばれている？

ベトナムの国旗

国名 ベトナム社会主義共和国
首都 ハノイ 人口 約9649万人

① 一星紅旗
（ひとつの星の赤い旗）
② 大星紅旗
（大きな星の赤い旗）
③ 金星紅旗
（金の星の赤い旗）

クイズ72 韓国の国旗は何とよばれている？

① 赤青旗
② 太極旗
③ 陰陽旗

韓国の国旗

国名 大韓民国
首都 ソウル 人口 約5116万人

国旗のクイズ図鑑

クイズ69 答え ❸ ブタのきば

バヌアツの国旗にはブタのきばがえがかれています。およそ4千年前、バヌアツの島じまに人がわたってきたとき、ブタはきちょうな食べ物でした。そのため、ブタのきばは今でもゆたかさのシンボルとなっています。

バヌアツの国旗

国名 **バヌアツ共和国**
首都 ポートビラ
人口 約28万2千人

▲バヌアツの国旗がえがかれたおき物。

クイズ70 答え ❶ 海の神ネプチューンのほこ

国旗の黄は国土、両側の青は空と大西洋とカリブ海を表し、海にかこまれた国をイメージしたデザインになっています。中央にある三またのほこは、古代ローマの海の神・ネプチューンのほこです。

バルバドスの国旗

国名 **バルバドス**
首都 ブリッジタウン
人口 約28万6千人

▼ほこを持つネプチューン。

いろいろなもようの国旗

クイズ71 答え ❸金星紅旗

　赤地に金の星をえがいたベトナムの旗は「金星紅旗」とよばれ、社会主義の国であることを意味しています。この金は国旗では黄で表されています。同じように社会主義の国である中国の国旗は、赤地に黄の星を5つえがいた「五星紅旗」です。赤と黄の2色でできている国旗は、ベトナムと中国の2つだけです。

中国の国旗（五星紅旗）

国名 **中華人民共和国**
首都 北京
人口 約14億1千万人
※台湾、香港、マカオをふくまない数値です。

クイズ72 答え ❷太極旗

　太極旗は韓国語では「テグキ」と読みます。国旗の中央の円を「太極」といい、まわりには、天、地、水、火を表す4つのしるしがあります。太極の赤と青は、陽と陰、天と地、太陽と月、男と女など、2つにわかれたものを表しています。太極は、それらがひとつに合わさってうちゅうをつくっている、という考え方を表したものです。

国旗のクイズ図鑑

クイズ73 ジョージアの国旗に赤い十字はいくつある？

ジョージアの国民の多くはキリスト教を信じています。国旗には、キリスト教のシンボルの十字がいくつえがかれているでしょう。

❶ 4つ ❷ 5つ ❸ 6つ

▶首都トビリシにあるツミンダ・サメバ教会。

クイズ74 スウェーデンの国旗は何を表している？

スウェーデンの国旗は青地に黄の十字がえがかれています。これは何を表しているでしょう。

❶ 空にうかぶ十字架
❷ 湖にかかった橋
❸ 海をわたる船の航路

スウェーデンの国旗

国名 スウェーデン王国
首都 ストックホルム
人口 約998万人

いろいろなもようの国旗

クイズ75 青い十字がえがかれた国旗はいくつある?

イギリス、トンガ、アイスランドなど、赤い十字がえがかれた国旗はたくさんあります。では、青い十字がえがかれた国旗はいくつあるでしょう。

アイスランドの国旗

国名 **アイスランド共和国**
首都 レイキャビク 人口 約33万人

❶ 2つ
❷ 3つ
❸ 4つ

青い十字ってあまり見たことないわ…

国旗のクイズ図鑑

クイズ73 答え ❷ 5つ

　日本はこの国を「グルジア」とよんでいましたが、2015年に「ジョージア」という英語のよびかたにかえました。国旗は、白地に大きな赤い十字と、4つの小さな赤い十字をえがいたデザインです。白地に大きな赤い十字は聖ジョージのしるしです。そのまま使うとイングランド（イギリスの一部）と同じ旗になってしまうので、4つの十字を加えました。

ジョージアの国旗

- 国名 **ジョージア**
- 首都 トビリシ
- 人口 約391万人

▲イングランドの旗。

クイズ74 答え ❶ 空にうかぶ十字架

　スウェーデンの旗は、1157年に「エリク王が青空を横切る金の十字架を見た」という言い伝えからできたといわれています。北ヨーロッパの5か国（スウェーデン、デンマーク、ノルウェー、フィンランド、アイスランド）の国旗には、どれも同じように大きな十字がえがかれています。

いろいろなもようの国旗

クイズ75 答え ① 2つ

　北ヨーロッパのフィンランドの国旗には、白地に青の十字がえがかれています。フィンランドは国土の10分の1が沼や湖で、フィンランドの人たちは自分の国を「スオミ（沼や湖の多い国）」とよんでいます。青い十字はその沼や湖を、白地は雪を表しています。となりのノルウェーの国旗の十字は、もっとこい青でえがかれています。

▲空から見たフィンランド。沼や湖があちこちにあります。

フィンランドの国旗

国名 **フィンランド共和国**
首都 ヘルシンキ　人口 約554万人

ノルウェーの国旗

国名 **ノルウェー王国**
首都 オスロ　人口 約535万人

国旗のクイズ図鑑

クイズ 76 カンボジアの国旗には何がえがかれている?

① カンボジア王室の紋章
② 世界遺産のアンコールワット
③ 東南アジア最大の湖のトンレサップ湖

▼カンボジア王宮。

いろいろなもようの国旗

▼アンコールワット。

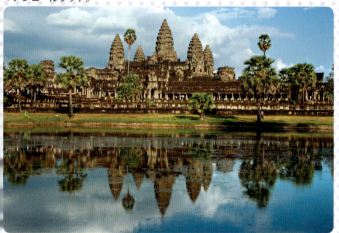

▼トンレサップ湖。

国旗のクイズ図鑑

クイズ76 答え ② 世界遺産のアンコールワット

　アンコールワットは、12世紀にたてられたヒンズー教の寺院で、世界文化遺産です。1632年には肥前平戸藩出身の森本右近太夫一房が、この寺院のかべに「はるか遠くから海をわたってきました。仏像4体をささげます」と書きのこしました。世界遺産をえがいた国旗はほかにもあります。ジンバブエの国旗には、世界文化遺産のグレート・ジンバブエいせきから見つかった「ジンバブエの鳥」がえがかれています。またセントルシアの国旗には、世界自然遺産の火山「ピトン」がえがかれています。

カンボジアの国旗

- 国名 **カンボジア王国**
- 首都 プノンペン
- 人口 約1624万人

▶アンコールワット。カンボジアの国旗のまん中にこのいせきがえがかれています。

144

いろいろなもようの国旗

ジンバブエの国旗

- 国名 **ジンバブエ共和国**
- 首都 ハラレ
- 人口 約1691万人

▲グレート・ジンバブエいせきから発掘された「ジンバブエの鳥」。

セントルシアの国旗

- 国名 **セントルシア**
- 首都 カストリーズ
- 人口 約18万人

▶セントルシアのピトンは2つの小さな火山で「ふたごの山」ともよばれています。

国旗のクイズ図鑑

クイズ 77 セントビンセント及びグレナディーン諸島の国旗のもようは？

セントビンセント及びグレナディーン諸島はたくさんの小さな島からなる国です。国旗には同じもようが3つえがかれています。どんなもようでしょう。

①ハート形 **②二重丸** **③ひし形**

日本

セントビンセント及びグレナディーン諸島

いろいろなもようの国旗

クイズ78 キプロスとコソボの国旗のとくちょうは？

キプロスとコソボの国旗には、ほかの国旗にはないとくちょうがあります。どんなとくちょうでしょう。

❶ 国の形のシルエットがえがかれている

❷ 船がえがかれている

❸ 1色だけでできている

国旗のクイズ図鑑

クイズ77 答え ③ひし形

　セントビンセント及びグレナディーン諸島は、セントビンセント島とグレナディーン島などの「アンティル諸島の宝石」とよばれる小島からなる国です。ひし形は多くの島を表しており、英語の「ビンセント（Vincent）」の頭文字「V」の形にならんでいます。「宝石旗」ともよばれています。

セントビンセント及びグレナディーン諸島の国旗

国名 **セントビンセント及びグレナディーン諸島**
首都 キングスタウン　人口 約11万人

いろいろなもようの国旗

クイズ78 答え ① 国の形のシルエットがえがかれている

キプロスとコソボの国旗には、国の形がシルエットでえがかれています。バングラデシュの国旗にも、赤い円の中に国の形がえがかれていましたが、今はなくなっています。

キプロスの国旗

国名 **キプロス共和国**
首都 ニコシア 人口 約118万人

コソボの国旗

国名 **コソボ共和国**
首都 プリシュティナ 人口 約220万人

※コソボ共和国は国連には加盟していませんが、日本が国家として承認しています。

国旗のクイズ図鑑

クイズ79 レソトの国旗には何がえがかれている？

アフリカ南部のレソトの国旗には、ほかの国旗にはあまりないものがえがかれています。何がえがかれているでしょう。

① かぎ

② ぼうし

③ 月

きっとレソトの人になじみが深いものね…

いろいろなもようの国旗

クイズ80 ケニアの国旗には何がえがかれている?

ケニアは長いたたかいのあと、イギリスから独立しました。国旗には、たたかって手に入れた自由を守る決意を表すものがえがかれています。それは何でしょう。

❶ がんじょうな城

❷ たてとやり

❸ 立派なよろい

どれもかっこいい!!

クイズ79 答え ②ぼうし

国旗にえがかれているぼうしは「レソト帽」といわれる、レソトにすむソト族のでんとう的なぼうしです。最近のオリンピックでも、レソトの選手たちはこのぼうしをかぶって入場しました。

レソトの国旗

国名 レソト王国
首都 マセル　**人口** 約226万人

▲レソトぼうをかぶった人たち。

いろいろなもようの国旗

❷ たてとやり

　ケニアの国旗のまん中には、昔からこのあたりにすむマサイ族のたてとやりがえがかれています。ケニアの初代大統領ケニヤッタの名前の意味は「もえるやり」だといわれています。同じようにイギリスから独立したエスワティニ（旧スワジランド）の国旗にも、独立を守る決意をこめた、たてとやりがえがかれています。

ケニアの国旗

国名 **ケニア共和国**
首都 ナイロビ　人口 約5095万人

エスワティニの国旗

国名 **エスワティニ王国**
首都 ムババネ　人口 約139万人

▲ケニアのみやげもの。

クイズ81 クウェートの国旗の黒い部分はどんな形？

クウェートの国旗の、旗ざお側（左側）には黒い部分があります。どんな形をしているでしょう。

❶ 三角形

❷ 台形

❸ ぎざぎざ

いろいろなもようの国旗

クイズ82 ジャマイカの国旗のとくちょうは？

カリブ海の島国ジャマイカの国旗の、ほかの国旗には見られないとくちょうは何でしょう。

❶ 表とうらでもようがちがう

❷ 黒い三角形が2つある

❸ 男女の絵がえがかれている

国旗のクイズ図鑑

クイズ81 答え ❷台形

クウェートの国旗の旗ざお側（左側）には黒い台形があります。旗ざお側に台形がそこがついているのはクウェートだけです。ジブチ、バヌアツなどの国旗にも台形があります。

クウェートの国旗

- 国名 **クウェート国**
- 首都 クウェート
- 人口 約419万人

ジブチの国旗

- 国名 **ジブチ共和国**
- 首都 ジブチ
- 人口 約97万1千人

◀ジブチの国旗にも台形があります（青のところと緑のところ）。

いろいろなもようの国旗

クイズ82 答え ❷黒い三角形が２つある

　ジャマイカの国旗の黒い三角形は、国民の力強さと創造力を表しています。黒い三角形のある国旗はほかに東ティモール、パプアニューギニア、南アフリカ、バハマ、バヌアツがありますが、２つあるのはジャマイカだけです。

ジャマイカの国旗
- 国名 ジャマイカ
- 首都 キングストン
- 人口 約289万人

バハマの国旗
- 国名 バハマ国
- 首都 ナッソー
- 人口 約39万9千人

◀バハマの国旗には黒い三角形がひとつだけあります。

クイズ83 リヒテンシュタインの国旗にかんむりがついているのはなぜ？

リヒテンシュタインの国旗には、あるときからかんむりがえがかれるようになりました。それはなぜでしょう。

リヒテンシュタインの国旗

国名 **リヒテンシュタイン公国** 首都 ファドーツ 人口 約3万8千人

① 王様がかわったから
② そっくりな国旗があったから
③ 国ができて100年たったから

158

いろいろなもようの国旗

クイズ84 スロバキアの国旗にえがかれている十字架のとくちょうは？

スロバキアの国旗の紋章には、少しかわった十字架がえがかれています。どんな十字架でしょう。

① 横ぼうの方が長い十字架
② 横ぼうが２本ある十字架
③ 横ぼうがななめについた十字架

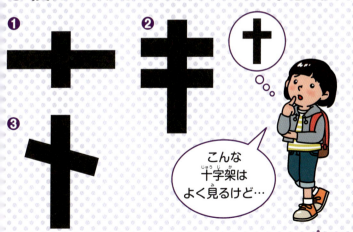

こんな十字架はよく見るけど…

クイズ83 答え ② そっくりな国旗があったから

　1936年のベルリンオリンピックのとき、ハイチもリヒテンシュタインも上半分が青、下半分が赤の国旗だったので区別がつきませんでした。そこでオリンピックが終わってから、ハイチはヤシの木、大砲、トランペット、たいこなどでできた紋章を、リヒテンシュタインは大公のかんむりを国旗にえがいて、区別がつくようにしました。

▲昔のリヒテンシュタインの旗。

▲昔のハイチの旗。

どっちの国の旗かわからないね…

かんむりのついたリヒテンシュタインの国旗は158ページ、紋章のついたハイチの国旗は163ページにあります。

いろいろなもようの国旗

クイズ84 答え ② 横ぼうが2本ある十字架

　横ぼうが2本の十字架は「複十字」または「ロレーヌ十字」といい、キリスト教の正教会のシンボルです。平和や希望を表し、結核予防運動のシンボルマークにもなっています。旗をたてにかかげるときは、紋章もたてにします。

スロバキアの国旗
- 国名 **スロバキア共和国**
- 首都 ブラチスラバ
- 人口 約545万人

本当だ！紋章もたてになっているね

▶たてにかかげられたスロバキアの国旗。

国旗のクイズ図鑑

クイズ 85 モンゴルの国旗にえがかれているのは？

　モンゴルの国旗には、いろいろなものを組み合わせたもようがえがかれています。そのもようにえがかれているのはどれでしょう。

▲モンゴルずもう。日本には、モンゴルからたくさんの力士が来ています。

① 鳥
② 魚
③ 弓

いろいろなもようの国旗

クイズ86 ハイチの国旗には何と書いてある？

ハイチは、どれいとして連れてこられた黒人たちが、フランスから独立してつくった国です。国旗にはある言葉が書かれています。何と書かれているでしょう。

ハイチの国旗

国名 **ハイチ共和国**
首都 ポルトープランス
人口 約1111万人

① 自由、平等、博愛
② 自由、主権、統一
③ 団結は力なり

クイズ85 答え ②魚

　国旗の左側のもようは「ソヨンボ」とよばれています。いちばん上のほのおは、はんえい、復活、向上を、その下の太陽と月は神聖なものを表しています。三角形はやりと矢じりで、てきをたおす強い気持ち、長方形は前進と正直さを表しています。円形のもようはでんせつにあるねむらない魚で、けいかいする気持ちを表します。そして左右の長い長方形には「国民が協力すれば石のとりでより強い」という意味があります。

モンゴルの国旗

国名 **モンゴル国** 首都 ウランバートル 人口 約312万人

いろいろなもようの国旗

クイズ86 答え
③ 団結は力なり

　ハイチの国旗のまん中には、ヤシの木や自由のぼうし、大砲などがえがかれた紋章があります。これは自由と独立のためのたたかいを表していて、その下にはフランス語で「団結は力なり」と書かれています。独立当時のデサリーヌ大統領は「白は白人を思い出させる」ことから、フランスの国旗から白をぬいた青と赤を地の色にしました。

▼ハイチの紋章

フランス語で「団結は力なり」と書いてある

国旗のクイズ図鑑

クイズ 87 サウジアラビアの国旗には何が書かれている？

サウジアラビアはイスラム教の聖地メッカがある国で、国名は「サウド家のアラビア」という意味です。国旗にはアラビア語の文字がありますが、何が書かれているでしょう。

サウジアラビアの国旗

❶ 国名
❷ サウド家の家訓
❸ イスラム教の聖典のさいしょの一文

国名 **サウジアラビア王国**
首都 リヤド　人口 約3355万人

国旗のひみつ

アラビア語で「出口」と書いてあります。

▲英語とアラビア語で書かれた看板。

アラビア語は右から左へ ← 読むんだって

クイズ87 答え ③ イスラム教の聖典のさいしょの一文

　サウジアラビアの国旗にはアラビア語で「アラーのほかに神はなし。ムハンマドはアラーの預言者なり」と書かれています。これは、イスラム教の聖典「クルアーン（コーラン）」のさいしょの言葉です。同じ言葉はアフガニスタンの国旗にも書かれています。また、イスラム教徒が多いイランやイラクの国旗にはアラビア語で「神は偉大なり」と書かれています。

アフガニスタンの国旗

国名 **アフガニスタン・イスラム共和国**
首都 カブール　人口 約3637万人

国旗のひみつ

イランの国旗

- 国名 **イラン・イスラム共和国**
- 首都 テヘラン
- 人口 約8201万人

イラクの国旗

- 国名 **イラク共和国**
- 首都 バグダッド
- 人口 約3934万人

169

国旗のクイズ図鑑

クイズ88 フィリピンの国旗は戦争になったらどうかかげる?

フィリピンの国旗は、戦争になると、ふだんとちがったかかげ方をすると決まっています。どんなかかげ方でしょう。

❶ 赤を上にしてかかげる

❷ たて向きにしてかかげる

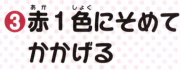

❸ 赤1色にそめてかかげる

どういう意味があるのかな?

国旗のひみつ

クイズ89 アメリカの国旗「星条旗」をたて向きにかかげるときはどうする?

❶ たて向きにかかげてはいけない

❷ うら返して、星の部分が左上になるようにする

❸ そのまま星の部分が右上になるようにする

国旗のクイズ図鑑

クイズ88 答え
❶赤を上にしてかかげる

　フィリピンの国旗は、青が平和と高い政治目標、赤が勇気と愛国心、白は平等と友愛を表しています。戦争になると、勇気を表す赤を上にしてかかげると決まっています。

　3つの星は、おもな地域であるルソン島、ビサヤ地域、ミンダナオ島を表しています。2009年には、南部に多いイスラム教徒に敬意を表し、太陽の光を表す線を9つとすると決まりましたが、2019年3月現在、デザインはまだかわっていません。

フィリピンの国旗

国名 **フィリピン共和国**
首都 マニラ
人口 約1億651万人

国旗のひみつ

クイズ89 答え
② うら返して、星の部分が左上になるようにする

　アメリカの議会（下院）では、議長席の後ろにいつも「星条旗」がたて向きにかかげられています。これは、「カントン」とよばれる星の部分が左上にくるように、うら返しになっています。

　カナダやオーストラリアの国旗も、たて向きにするときは、同じやり方でかかげられます。

▲アメリカの下院議会。後ろに、星条旗がたて向きにかかげられています。
※サウジアラビアの国旗は、そのままたて向きにかかげてはいけません。

国旗のクイズ図鑑

クイズ90 王様や大統領がなくなったとき国旗をどうあげる?

国にとってとくにたいせつな人がなくなったときは、どのように国旗をかかげるでしょう。

❶ 旗ざおを黒くぬるか、黒い布をまく

❷ 旗ざおの先を黒い布でおおうか、そこから黒いリボンをたらす

❸ 国旗の旗ざお側に布をぬいつけるか、国旗のうら側を黒くぬる

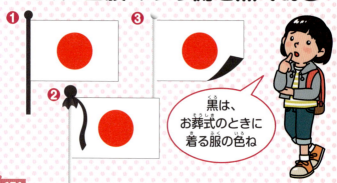

黒は、お葬式のときに着る服の色ね

国旗のひみつ

クイズ91 「半旗にする」とはどうすること?

人の死に対する悲しみの気持ちを国旗で表すには、「半旗にする」という方法もあります。どのような方法でしょうか。

❶ ほぼ半分（右半分）を切った旗をかかげる
❷ 旗を三角形に切ってかかげる
❸ 旗ざおの半分の位置にかかげる

「半分の旗」って意味かな？

国旗のクイズ図鑑

クイズ90 答え ② 旗ざおの先を黒い布でおおうか、そこから黒いリボンをたらす

　黒い布や黒いリボンは、人がなくなるなど、何か不幸があったときに、悲しむ気持ちを表すために使われます。日本では昭和天皇がなくなったときや、東日本大震災のときなどに、全国的に旗ざおの先を黒い布でおおったり、そこから黒いリボンをたらしたりして国旗がかかげられました。2001年にアメリカで同時多発テロが起こったときなど、外国でたくさんのぎせい者が出たときにも、「日の丸」をそのようにしてかかげた人たちがいました。

▶東日本大震災が起きた3月11日にかかげられた国旗。

大江リヱ

国旗のひみつ

クイズ91 答え ③ 旗ざおの半分の位置にかかげる

　半旗にするときは、いちど旗ざおのいちばん上まで旗を上げてから、半分近くまで下げます。ふだんは、きちんといちばん上まで上げて、下がらないようしっかりとりつけましょう。そうしないと、半旗と思われてしまうかもしれません。また、決して国旗を切ったりちぎったりしてはいけません。

◀半旗をななめにかかげることもあります。

▼ハワイ（アメリカ）での戦争のついとう式典。半旗がかかげられています。

※サウジアラビアの国旗は半旗にしてはいけません。

クイズ 92 1964年東京オリンピックの開会式と閉会式で国旗がちがった国は？

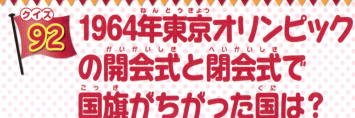

① モンゴル
② ザンビア
③ スウェーデン

えっ！オリンピック中に国旗がかわったの!?

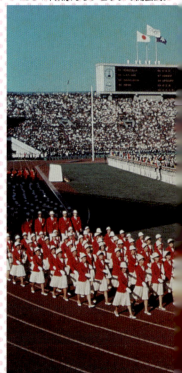

▼1964年東京オリンピックの開会式。

国旗のひみつ

クイズ93 1964年東京オリンピックの後にかわった国旗はいくつ？

国旗はときどきかわります。1964年の東京オリンピックに参加した94の国や地域のうち、そのときから2019年3月までに国旗がかわった国や地域はいくつあるでしょう？

❶ 約20
❷ 約30
❸ 約40

国旗のクイズ図鑑

クイズ92 答え ❷ザンビア

ザンビアは東京オリンピックの閉会式が行われた10月24日にイギリスから独立しました。そのため開会式と閉会式では、べつの旗で入場したのです。北ローデシアという地域名で入場した開会式では、イギリスの国旗に魚をつかんだワシの紋章がついたものでしたが、閉会式のときには、ワシだけの旗になりました。魚を自由にとき放ったのでした。

▲旧北ローデシアの旗。

▶東京オリンピックの開会式では北ローデシアの選手団として入場しました。

▶1964年10月24日、東京オリンピックの閉会式の日に独立して以来のザンビアの国旗。

● 国名 **ザンビア共和国**
● 首都 ルサカ
● 人口 約1760万人

国旗のひみつ

クイズ93 答え ③ 約40

アジアだけでもミャンマー、カンボジア、モンゴル、ベトナム、ラオスなど多くの国で国旗がかわっています。国旗がかわる理由には、国の体制がかわった、州の数がふえた、ほかの国と区別するため、などがあります。

▲東京オリンピックの参加国ビルマの旗。のちに国名をミャンマーにかえました。

▼

▼今のミャンマーの国旗は2010年からのものです。

現在までに世界ではいろいろなことが起こったのね

国名 **ミャンマー連邦共和国**
首都 ネーピードー
人口 約5385万人

国旗のクイズ図鑑

クイズ94 ヨーロッパの小さな国の国旗に共通するとくちょうは？

ヨーロッパにはとても小さな国がいくつかあります。その中でもとくに小さいバチカン、モナコ、サンマリノ、リヒテンシュタイン、マルタの国旗に共通することは何でしょうか。

❶ 紋章がついている
❷ おもに2つの帯でできている
❸ たてと横の長さが同じ

◀リヒテンシュタインの大公がすむ城。

▶世界最古の独立国といわれるサンマリノも、古い城が観光地になっています。

国旗のひみつ

▼世界最小の国バチカン。サンピエトロ寺院など、おもにキリスト教のしせつがあります。

小さいけど、どの国も長い歴史がありそうね

国旗のクイズ図鑑

クイズ94 答え ② おもに2つの帯でできている

5つの国の国旗は、おもに2色の帯でできています。バチカンは黄と白、モナコは赤と白、サンマリノは白と青、リヒテンシュタインは青と赤です。マルタも琵琶湖(滋賀県)の大きさの半分にもならない小さな国で、白と赤の2色の帯の国旗です。

バチカンの国旗

国名 **バチカン** 人口 約800人

モナコの国旗

国名 **モナコ公国**
首都 モナコ
人口 約3万9千人

国旗のひみつ

サンマリノの国旗

国名 **サンマリノ共和国**
首都 サンマリノ　人口 約3万4千人

かんむりがついた紋章がある国が多いね。かっこいい！

リヒテンシュタインの国旗

マルタの国旗

国旗のクイズ図鑑

クイズ 95 パラグアイの国旗のとくちょうで正しいのはどれ？

パラグアイは南アメリカのブラジルとアルゼンチンの間にある国です。パラグアイの国旗には、ほかの国旗にはないとくちょうがあります。どんなとくちょうでしょう。

❶ 表とうらで紋章がちがう

❷ 形が三角

❸ 市松もよう

どれが正解でも、ちょっとかわってるわね…

国旗のひみつ

クイズ 96 ネパールの国旗のとくちょうで正しいのはどれ？

ネパールはインドと中国の間にある国です。国旗は、形がちょっとかわっています。どんな形でしょう。

▼ネパールと中国の国境には、世界一高いエベレスト山（8848m）があります。

❶ 半円

❷ 三角形が2つ

❸ たて長の長方形

国旗のクイズ図鑑

クイズ95 答え ① 表とうらで紋章がちがう

表の紋章は星をかこんだリース、うらの紋章はライオンと中央・南アメリカのシンボルである「自由のぼうし」です。また、表には「パラグアイ共和国」、うらには「平和と正義」とそれぞれスペイン語で書かれています。

▲パラグアイの国旗の表側。

▲パラグアイの国旗のうら側。

- 国名 **パラグアイ共和国**
- 首都 アスンシオン
- 人口 約689万人

国旗のひみつ

クイズ96 答え ❷ 三角形が2つ

ネパールの国旗は三角形を2つ重ねた形です。上の三角形には王家を表す月、下の三角形には宰相(政治をする人のトップ)を表す太陽がえがかれています。「太陽や月と同じくらいネパールが長くつづくように」というねがいがこめられています。

ネパールの国旗

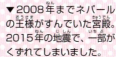

四角じゃない国旗はネパールだけよ!

▼2008年までネパールの王様がすんでいた宮殿。2015年の地震で、一部がくずれてしまいました。

Dutourdumonde Photography / Shutterstock.com

国旗のクイズ図鑑

クイズ97 ボスニア・ヘルツェゴビナの国旗がはじめて登場したのは？

ボスニア・ヘルツェゴビナの国旗は、1998年のある世界的なイベントのときに、はじめて登場しました。そのイベントは何でしょう。

① ロンドンオリンピック
② 第24回主要国首脳会議（サミット）
③ 長野冬季オリンピック

ボスニア・ヘルツェゴビナの国旗

国名 ボスニア・ヘルツェゴビナ
首都 サラエボ 人口 約350万人

国旗のひみつ

クイズ98 ルーマニアの国旗のもとになったのはどの国旗？

ルーマニアの青・黄・赤の3色がたてにならんだ国旗は、ある国の国旗のえいきょうを受けてつくられました。どの国でしょう。

① 青・白・赤のフランスの国旗
② 黒・黄・赤のベルギーの国旗
③ となりのモルドバの国旗

ルーマニアの国旗

国名 ルーマニア
首都 ブカレスト 人口 約1958万人

クイズ97 答え ③長野冬季オリンピック

　ボスニア・ヘルツェゴビナは、はげしい戦争をへて、旧ユーゴスラビアから独立しました。国連や欧州連合（EU）が独立を手助けしたこともあり、国旗は国連やEUの旗と同じく青が基本になっています。長野冬季オリンピックでは、会期前に選手村に入ったときは仮の国旗で、開会式では正式な国旗にかわりました。

▶選手団が選手村に入ったときの仮の国旗。

共同通信社／アマナイメージズ

▲長野オリンピックの開会式で正式な国旗をかかげる選手団。このときに、今の国旗がはじめて登場しました。

国旗のひみつ

クイズ98 答え ① 青・白・赤のフランスの国旗

　ルーマニアの国旗は、フランスの国旗のえいきょうを受けています。フランスと同じラテン系の人たちが多くがすんでいるためです。同じくラテン系の人が多いとなりのモルドバの国旗は、ルーマニアと同じ三色旗にワシの紋章をつけたもの。また、フランスから独立したアフリカのチャドの国旗とルーマニアの国旗とは、デザインがほぼ同じです。

▲デザインのもとになったフランスの国旗。

ルーマニアとチャドの国旗のちがいは、色のこさだ

チャドの国旗

国名 **チャド共和国**　首都 ンジャメナ　人口 約1535万人

モルドバの国旗

国名 **モルドバ共和国**　首都 キシニョフ　人口 約404万人

国旗のクイズ図鑑

クイズ99 ナイジェリアの国旗はどうやってできた？

❶ 昔、ほぼ同じ場所にあった国の旗を復活させた

❷ 世界的に有名なデザイナーにたのんだ

❸ みんなから、どんな国旗がいいかと案を集めた

ナイジェリアの国旗

国名 **ナイジェリア連邦共和国** 首都 アブジャ 人口 約1億9587万人

国旗のひみつ

クイズ100 オリンピックでさいしょに入場する国は？

2020年に東京オリンピックが開かれます。オリンピックの開会式でさいしょに入場するのは、どこの国の国旗を持った選手団でしょうか。

❶ 開さい国
❷ オリンピックのはじまりの国ギリシャ
❸ 前回のオリンピック開さい国

国旗のクイズ図鑑

クイズ99 答え ③ みんなから、どんな国旗がいいかと案を集めた

1959年、イギリスからの独立の前年に、どんな国旗がいいか、世界中から案を集めました。そうして集まった2870点の中から、ミカエル・タイウォ・アキンクユミという23才の男の人の作品がえらばれました。緑は農産物のゆたかさ、白は平和を表しています。

自分のアイデアが国旗になるなんてすてきだ！

▼ナイジェリアの主食（日本人にとってのお米のようによく食べる食べ物）は、キャッサバというイモです。

国旗のひみつ

クイズ100答え ❷ オリンピックの はじまりの国ギリシャ

　さいしょのオリンピックは今から約2800年前にギリシャのオリンピアで行われ、それから1100年以上にわたり、4年ごとにほぼ休みなく293回開かれました。その後、オリンピックはいったんなくなりますが、約1500年もの後、1896年にギリシャの首都アテネで近代オリンピックとして復活しました。このため、ギリシャに敬意を表し、ギリシャ選手団がさいしょに入場します。

▼古代オリンピックのレスリングをえがいたギリシャの切手。

Lefteris Papaulakis / Shutterstock.com

ギリシャの国旗

国名 ギリシャ共和国　**首都** アテネ　**人口** 約1114万人

■監修
吹浦忠正
NPO法人 世界の国旗研究協会会長
NPO法人 ユーラシア21研究所 理事長
社会福祉法人 さぽうと21 理事長
オリンピック東京大会組織委員会元国旗担当専門職員

■写真
アマナイメージズ
出雲大社
大江リヱ
学研写真部
共同通信社
Corbis
Shutterstock
尚古集成館
東京都立中央図書館
mathrong

■イラスト
くぬぎ太郎
　（TARO WORKS）
後藤真希子

■装丁・デザイン
神戸道枝

■編集協力
株式会社キャデック
　（石黒勇気、大山正子、
　中島洋平）

■編集
里中正紀
後藤田広也
西川　寛

2015年	9月16日	第1刷発行
2019年	8月20日	改訂版 第1刷発行
2025年	1月10日	改訂版 第7刷発行

発行人	川畑 勝
編集人	高尾俊太郎
発行所	株式会社Gakken 〒141-8416 東京都品川区西五反田2-11-8
印刷所	共同印刷株式会社

■この本に関する各種お問い合わせ先
●本の内容については、下記サイトの
お問い合わせフォームよりお願いします。
https://www.corp-gakken.co.jp/contact/
●在庫については
Tel 03-6431-1197（販売部）
●不良品（落丁、乱丁）については
Tel 0570-000577
学研業務センター
〒354-0045
埼玉県入間郡三芳町上富279-1
●上記以外のお問い合わせは
Tel 0570-056-710
（学研グループ総合案内）

■学研グループの書籍・雑誌についての
新刊情報・詳細情報は、下記をご覧ください。
学研出版サイト
https://hon.gakken.jp/

Ⓒ Gakken

本書の無断転載、複製、複写（コピー）、翻訳を禁じます。
本書を代行業者等の第三者に依頼してスキャンやデジタル化することは、たとえ個人や家庭内の利用であっても、著作権法上、認められておりません。

お客様へ
＊表紙の角が一部とがっていますので、お取り扱いには十分ご注意ください。